Pequeños grandes talentos

Cómo reconocer y potenciar
las capacidades de tus hij@s

Francesca Valla

Traducción de Elena Martínez Nuño

Rocaeditorial

Título original: *Libera i talenti del tuo bambino*

© 2019, Mondadori Libri S.p.A.

Publicado por Mondadori Libri en el sello Sporting & Kupfer.

Primera edición: febrero de 2020

© de la traducción: 2020, Elena Martínez Nuño
© de esta edición: 2020, Roca Editorial de Libros, S.L.
Av. Marquès de l'Argentera, 17, pral.
08003 Barcelona
actualidad@rocaeditorial.com
www.rocalibros.com

Imprime EGEDSA

ISBN: 978-84-17805-73-9
Depósito legal: B. 632-2020
Código IBIC: JNK

Todos los derechos reservados. Quedan rigurosamente prohibidas, sin la
autorización escrita de los titulares del copyright, bajo
las sanciones establecidas en las leyes, la reproducción total o parcial de esta obra
por cualquier medio o procedimiento, comprendidos
la reprografía y el tratamiento informático, y la distribución de ejemplares de ella
mediante alquiler o préstamos públicos.

RE05739

Pequeños grandes talentos
Cómo reconocer y potenciar las capacidades de tus hij@s

A mi hija Giorgia. Cada vez que te miro y que te escucho me emociono porque no hay nada más grande que el amor que siento por ti.

Índice

Introducción
Cada niño tiene un talento 11

1. Talento en ciernes 17
2. Emociones, pasión, sueño 31
3. Escuchar con el corazón 43
4. El talento «emocional» 63
5. El juego es una cosa seria 75
6. Los estímulos externos 97
7. El respeto hace fluir el talento 115
8. ¡Errar es de sabios! 133
9. Valorar los progresos 155
10. Libres de ser especiales 165

Conclusiones
Cuidemos a nuestros hijos 185

Agradecimientos 189
Bibliografía 193

INTRODUCCIÓN

Cada niño tiene un talento

Cada niño es único, irrepetible y por tanto especial. Cada cual a su manera.

La tarea de los adultos que asistimos a sus primeros pasos en el camino de la vida es la de ayudarle a expresarse, a sí mismo y sus talentos, en total libertad.

Los padres anhelamos lo mejor para nuestro hijo o hija, pero a veces corremos el riesgo de caer en el error de que lo que deseamos nosotros o lo que habríamos querido conseguir no sea lo mejor para él o ella. O bien creemos que un futuro luminoso es solo aquel en el que tendrá éxito, en el que alcanzará la fama o tendrá un trabajo económicamente rentable. El futuro es de nuestros hijos, nosotros podemos solo estar en él, acompañarlos a lo largo de su desarrollo sin que les falte nunca nuestro apoyo, pero debemos dejarlos libres para elegir e incluso para equivocarse.

Esforcémonos, por tanto, en orientar sin imponernos y en hacer reflexionar sin tomar decisiones por ellos. Nuestras expectativas crean jaulas que comprometen la relación porque corremos el riesgo de desilusionarnos si nuestro hijo tiene aspiraciones diferentes a las que nosotros deseábamos para él. La experiencia debe guiarnos en la dirección del respeto por aquello en lo que él se convertirá, y de gozar a su lado cuando se dedique con entusiasmo a una actividad que ha elegido. Esto no quiere decir que nos anulemos y que no le involucremos en nuestras pasiones, pero quererle significa aceptar que tenga ideas, miradas, aspiraciones diferentes de las nuestras.

Un buen educador sabe que su objetivo es criar a un niño tranquilo y satisfecho de sí mismo, enseñarle a perseguir sus aspiraciones aprovechando al máximo sus aptitudes y guiarle en la exploración y en la comprensión de sus peculiaridades. Para alcanzar el objetivo es necesario escucharle, aceptarle, observarle, apoyarle, animarle y a veces permanecer en silencio para que se manifieste su verdadera naturaleza con total libertad y autonomía.

En estos años, la nueva generación de padres, profesores, educadores, entrenadores, animadores y voluntarios está adoptando su tarea educativa con gran compromiso y seriedad. Los padres «contemporáneos» estamos cada vez más dispuestos a dedicar tiempo, recursos y energía para informarnos y documentarnos, queremos participar en primera persona en la educación de nuestros hijos. Nos damos cuenta de que educar es extremadamente laborioso, y a pesar de nuestro celo muchas veces parece que la situación se nos va de las manos, que los instrumentos no son nunca suficientes para las exigencias en continua evolución de nuestros pequeños.

El psicoanalista austriaco Bruno Bettelheim, recuperando un famoso pensamiento de Descartes («La duda es el principio de todo conocimiento»), sostenía que en la vida de un progenitor hay pocas certezas, y decididamente más preguntas que respuestas. Pero también esto, según él, es un valor que podemos transmitir a nuestros niños: «Aunque a veces dude de sí mismo (solo los tontos arrogantes no tienen dudas sobre sí mismos), aquel que haya recibido una correcta educación posee una vida interior rica y gratificante, que le hace sentirse satisfecho de sí mismo, le ocurra lo que le ocurra en la vida».

No hay un instante en el que los padres no nos preguntemos: «¿Lo estaré haciendo bien?». Nos asaltan dudas e incertidumbres, pero hacerse preguntas es la única manera para buscar la «correcta educación». Antes de ser madre tenía muchísimas certezas, luego llegó ella, mi hija, revolucionando y enriqueciendo mi vida hasta el punto de enseñarme a convivir con las dudas y con nuevas miradas. Sí, porque la duda ayuda a comprender y a tomar en consideración opciones y puntos de vista nuevos. Ayuda a profundizar, a conocerse y a conocer.

El oficio de progenitor es tan complejo como maravilloso y ser padres eficaces prevé una fuerte inversión educativa. Nadie puede decir que ha aprendido todo aquello que se puede saber sobre la educación de los más pequeños, incluso las madres y los padres que tienen muchos hijos. Porque cada niño es único, nosotros cambiamos y nuestro estilo educativo debe adecuarse a las peculiaridades de cada uno.

Los talentos de nuestros niños son como flores bellísimas que vemos despuntar día a día, observándolas y cultivándolas con paciencia y amor. A menudo, sin embargo, cuando la semilla que creíamos conocer llega a su floración plena, logra sorprendernos, porque no siempre sus colores son los que esperábamos y casi nunca se parecen.

Luciana Littizzetto, en un precioso monólogo que comparto totalmente, dijo: «No conoces completamente a tus hijos. Lo mejor es que los niños son siempre inesperados: tú siembras tulipanes y crecen narcisos. Y te preguntas: "Pero ¿cómo es posible? Yo sembré tulipanes". Luego, pensándolo bien, te das cuenta de que los narcisos también están bien, o más aún, quizás al final sean mejor que los tulipanes».

Sus dotes y sus personalidades se expresan en mil direcciones: si conseguimos escucharles, aceptarles y estar presentes de la forma adecuada, veremos nacer un jardín variopinto y en armonía, donde cada uno encuentra su lugar y contribuye a la construcción de la belleza de la creación.

En las próximas páginas deseo llevar a cabo un recorrido junto a vosotros. Mi intención no es dar indicaciones sobre qué hacer o no hacer, sino proponer ocasiones que puedan ayudarnos a encontrar el camino para convertirnos en «entrenadores emocionales», como define a los progenitores el psicólogo John Gottmann. Amar a nuestro hijo requiere la capacidad de dejarlo libre sin condiciones, en una reciprocidad que se hace intercambio, contaminación, reconocimiento por ser una cosa sola en las diferencias de la alteridad.

Trabajo con niños y padres desde hace casi treinta años y he conocido y escuchado muchas historias: los ejemplos que leeréis en este libro son todos episodios que de alguna manera me han tocado en calidad de profesora, de mujer, de madre y hoy de consejera.

La experiencia me enseña que para construir sanas y sólidas relaciones no hay nada que sea siempre «correcto» o siempre «equivocado»: los padres debemos aprender a observar y a interrogarnos, contemplando incluso el error como ocasión de crecimiento, aprovechándolo como una oportunidad para reflexionar.

Fue justo a partir de análisis como el anterior que nació en mí el deseo de escribir este libro, cuyo fin es compartir estímulos que abran nuevas miradas hacia un viaje prometedor que nos llevará, con paciencia y amor, a sumergirnos en nuestro interior y a realizar una educación que sea un crecimiento conjunto. El objetivo es que todos los pasos que hagamos junto a nuestros niños puedan incorporar al mundo de mañana a mujeres y hombres felices, capaces y conscientes de sus propios talentos.

El libro está estructurado para una lectura a varios niveles, de la primera a la última página. Cada capítulo trata un tema y contiene apartados de profundización para recuperar referencias e indicaciones de los focos de atención, que, junto a los relatos y a los ejemplos, tratan de proporcionar un contexto, además de momentos de confrontación.

Un libro para leer y hojear para una utilización flexible, para abrir posibles puntos de reflexión y para releer la propia experiencia.

Buena lectura.

1

Talento en ciernes

> *Si juzgas a un pez por su habilidad para trepar a los árboles, vivirá toda su vida pensando que es un inútil.*
>
> ALBERT EINSTEIN

Un don especial

Cualquier momento del desarrollo de un niño, incluso el más común, puede convertirse en extraordinario si lo observamos con atención. Sí, porque la diferencia la da nuestra forma de mirar, de captar y de atrapar.

Cada progenitor desea lo mejor para su hijo y a menudo ocurre que malgastamos energías en tratar que los niños se conviertan en lo que imaginamos mejor para ellos. A veces nos olvidamos de que lo único verdaderamente fundamental es ayudar a nuestro hijo a explorar el mundo que tiene dentro de sí y a tomar conciencia de sus potencialidades: es este recorrido de descubrimiento el mayor regalo que podemos hacerle. Más tarde, será él el que nos guíe, el que nos permita comprender cuál es la mejor manera de estar a su lado en el continuo cambio de sus intereses y descubrimientos sobre sí mismo. Escuchándole, aceptándole, observándole, apoyándole, animándole y a veces permaneciendo en silencio, dejando que se manifieste él.

Nos sorprenderá: quizá no se convierta en aquello que habíamos soñado, pero será él mismo quien realice su sueño.

Comenzar el viaje

Partimos. Comenzamos con pequeños pasos.

Siempre había creído que no todo el mundo tiene talento. Pues bien, me equivocaba.

Mi trabajo como profesora y consultora me permite estar día tras día con niños, y justamente ellos son los que me han hecho rectificar. Si conseguimos entrenar nuestra mirada y nuestro modo de posicionarnos, descubriremos que cada uno de nosotros posee algún talento. Pero tenemos que alejarnos del concepto al que estamos acostumbrados.

Intentemos redefinirlo planteándonos alguna pregunta preliminar: ¿qué entendemos por talento? ¿Qué palabras acuden a nuestra mente para definirlo? ¿Y si pensamos en nuestro talento y en el de nuestros hijos?

Lo que nos preguntamos con mayor frecuencia a propósito del talento es si se trata de una cualidad innata o si por el contrario se desarrolla en virtud de los estímulos, del contexto y del esfuerzo.

Hoy se habla cada vez más de la posibilidad de que el factor crucial para el desarrollo del talento sea precisamente el tiempo que se dedica a una actividad: ello sostiene, por ejemplo, el sociólogo canadiense Malcom Gladwell en el libro *Fuera de serie:*

Por qué unas personas tienen éxito y otras no. Sobre la base de estudios y teorías acerca del valor del esfuerzo en la construcción del talento, Gladwell enumera una serie de personajes famosos que llegaron al éxito gracias a la práctica constante y al trabajo duro. Según el autor, son necesarias más o menos diez mil horas de práctica con un instrumento musical o de una actividad física para convertirse en auténticos expertos; según otros estudios, sin embargo, como el de la *Deliberate practice* publicado por *Psychological Science* en 2014, el talento innato sigue siendo el fundamento de la calidad de una expresión artística o deportiva, mientras que la práctica incidiría en una medida que no logra en ningún caso marcar la diferencia.

En el mundo académico se suele definir el talento como: «Conjunto de facultades o capacidades tanto artísticas como intelectuales». Cada facultad o capacidad natural está inscrita en la unicidad del individuo, requiere ser reconocida y cultivada. Cualquier actitud lleva a la necesidad de captar un potencial a desarrollar; identificar rasgos distintivos sobre los que construir el armazón; desarrollar aprendizajes y habilidades que permitan elaborar la estructura necesaria para vivir en el mundo y relacionarse con otras personas. Esta estructura, como veremos, está formada por:

- bagaje emocional: sentimientos, fantasías, deseos, sueños… en una palabra, las «emociones» que representan las dimensiones pulsionales, vitales, a menudo inconscientes de nuestro sentir y actuar;
- competencias y habilidades: para el desarrollo de las capacidades cognitivas e instrumentales;
- proyectualidad: la capacidad de responder al sueño interior y colocarlo en la realidad de la propia existencia.

Las emociones habitan en nosotros antes que la razón y representan el filtro primario con el que leemos la realidad que nos rodea; a través del contacto, de los sonidos, los olores podemos aprender la cercanía, el rechazo, el reconocimiento. El mundo emocional es por lo tanto un patrimonio natural que pertenece a cada niño. Pero, sin cuidado y amor, no crece y no se transforma en una dote, en una estructura que permite desembocar en el talento. Competencias y habilidades, si encuentran un terreno fértil y sólido en el plano emocional, se desarrollan haciendo adquirir las capacidades, las maestrías necesarias para afrontar los desafíos de la vida.

Conjugar talento, competencias y habilidades requiere una proyectualidad que sepa poner en contacto los sueños y el ambiente exterior a través de un proceso de acompañamiento capaz de dar espacio al descubrimiento, a la construcción y a la libertad de elección. Es tarea de los padres y de los educadores apoyar el nacimiento del proyecto, es responsabilidad del niño elegir.

Considero que el talento está escondido en cada niño y, a través de un acercamiento educativo atento, los padres podemos ayudar a nuestros hijos a encontrarlo y a hacerlo aflorar de la mejor manera.

Obviamente no siempre es fácil captarlo y valorarlo. En un momento del crecimiento (que a menudo coincide con la llegada de la pubertad) no podemos evitar pensar que, de repente, nos parece no reconocer a nuestros hijos, que se han transformado en alguien que ya no entendemos. O tal vez el florecimiento de su talento se manifiesta en situaciones muy lejanas de aquellas que imaginábamos: esta toma de conciencia requiere un esfuerzo extra para que podamos reconocer el valor que esta actitud suya podría tener.

Muchas veces, en el acompañamiento del crecimiento de nuestro hijo, los padres albergamos la secreta esperanza de que tengan un determinado talento y acabamos por valorar algunos aspectos de su personalidad o de sus gustos, en el intento de hacer que se apasione con una actividad antes que con otra.

Fue siguiendo el consejo de su padre que Stefano tomó la decisión de empezar a tocar el piano que le había dejado la abuela en herencia.
Toda la familia tocaba el piano excepto el padre de Stefano, que se había arrepentido siempre de no haber aprendido. Por ello, era para él muy importante que a Stefano no le faltara esa experiencia.
Cuando Stefano empezó a tocar, se vio que tenía grandes dotes y durante seis años estudió sin problemas. Pero al entrar en la adolescencia llegaron las primeras distracciones y las salidas con los amigos; así, el chico empezó a saltarse alguna clase, hasta que llegó al punto de no querer ya seguir tocando. El padre intentó por todos los medios hacerle cambiar de idea, sin lograrlo. Las largas discusiones llegaron a levantar un muro de hostilidad entre los dos.

Si transmitir una pasión al propio hijo es sin duda algo positivo, a veces supone el riesgo que la inversión emocional del adulto es de tal magnitud en términos de expectativas que se convierte en un potencial bumerán. Ser un progenitor estimulante puede marcar la diferencia, pero esperar un cierto tipo de recorrido o de resultado es otra cosa, porque la experiencia que vive nuestro hijo es diferente de la que vivimos nosotros o habríamos querido vivir. Es positivo darle una oportunidad, pero no debemos pensar en absoluto que podemos transferirle nuestras expectativas.

Tomemos como punto de partida la historia de Stefano para preguntarnos qué habríamos hecho en el lugar de su padre.

Quizá, en el momento en que el chico daba muestras de cansancio, él habría podido esforzarse en apartar su desilusión personal para buscar una solución que tuviera en cuenta las necesidades de Stefano, sin dejar caer en el olvido esa actividad que hasta ese momento le había entusiasmado.

O quizá no habría debido permitirle que lo dejara a la primera distracción, sino estimularle, convencerle para seguir, para que no se rindiera tan pronto. Es posible que tuviera que haber ayudado a su hijo a conciliar los estudios de piano con sus nuevos intereses, de manera que no dejara del todo la música.

Y quién sabe, quizá habrían sido posibles mil variaciones de intervención para que Stefano prosiguiera con agrado el camino de la música, incluso aceptando que un periodo de alejamiento del estudio le habría podido ir bien. Es posible que Stefano, unos años después, al surgir la ocasión o simplemente el deseo, hubiera sentido la falta de la música y hubiera vuelto a tocar.

El objetivo no es que Stefano prosiga en el estudio de piano como desea su padre con toda su mejor intención, sino que la confrontación entre los dos, prescindiendo del resultado de la elección, se convierta en una oportunidad de crecimiento para ambos, porque la divergencia de opiniones y de deseos forma parte de la vida de cada núcleo familiar: es la manera en que lo afrontamos lo que determina el crecimiento de la familia misma.

Diez pasos para saber quién es nuestro hijo verdaderamente

¿Qué podemos hacer entonces para ayudar a nuestro hijo o hija a experimentar de forma libre sus capacidades y pasiones, sean de la naturaleza que sean, sin interferir? Los padres se encuentran en apuros frente a este dilema.

Como un jardinero con sus plantas, los padres y educadores podemos alimentar nuestra relación con los niños con el objetivo de cultivar sus cualidades y hacerlas florecer lo mejor posible.

He aquí por qué siento el fuerte deseo de compartir los primeros diez pasos de los que partir, en los que inspirarse para comenzar este entusiasta viaje hacia el descubrimiento de tesoros escondidos: los talentos de nuestros hijos.

1. «Dime, te escucho»: la escucha activa

«Dime, te escucho» es una invitación que abre la puerta a la comunicación. Escuchar de modo activo no es solo el acto de prestar atención a aquello que el niño sabe decirnos verbalmente, es, además, la capacidad de practicar una escucha comprensiva, empática y no coercitiva. El objetivo es lograr abrirse totalmente a él, en un diálogo que consiga comprender incluso los pensamientos y las emociones que al niño le cuesta más expresar con palabras.

¿Cómo se hace? Observando su lenguaje no verbal y al mismo tiempo aprendiendo a hacerle sentir cómodo. Proporcionemos al niño una réplica de aquello que nos cuenta, sin interpretaciones ni juicios. Así se sentirá más libre de mostrarse totalmente, incluso en aquellos aspectos de sus emociones y de sus vivencias que inicialmente podría querer enmascarar, quizá precisamente por el temor a desilusionar nuestras expectativas.

2. «Háblame, no te juzgo»: ausencia de juicio

Es importante no juzgar a nuestros hijos, ya que en caso contrario dejarán de contarnos o confiar en nosotros. Una actitud crítica se convierte en una gran barrera para la comunicación y la comprensión. Con experiencia y entrenamiento podemos aprender a emitir un juicio, como sugería Carl Rogers, psicólogo estadounidense fundador de la psicología humanista, abriendo modalidades de comunicación que saben marcar siempre en el tono y en el contenido la distinción entre objeto y sujeto: por ejemplo, «Así no se hace» es muy diferente de «No lo hagas así», o bien «Esto es un desastre» crea en un niño un efecto emocional muy diferente a «Eres un desastre». Nuestro hijo es un continuo descubrimiento, si nos ponemos en las condiciones de conocerle verdaderamente, sin dejarnos aprisionar por nuestros juicios y prejuicios.

3. «Hablo contigo con honestidad y sinceridad»: autenticidad

En este punto, para ayudar a los niños a expresarse con total libertad y a dar voz a todos sus talentos es necesario ser auténticos y por tanto conocernos, entrar en contacto con los propios sentimientos y emociones, antes aun que con aquellos que el niño manifestará. Solo cuando el progenitor es consciente y está verdaderamente presente en el «aquí y ahora» puede ser auténtico y ayudar a su hijo a reflexionar sobre aquello que siente.

«Autenticidad» es el término con el que se indica «ser lo que se es», en el curso del diálogo con los niños: la actitud de ser genuinos, sin esconderse tras las apariencias o las fachadas o entregándose a frases y conceptos estereotipados. Solo cuando se es consciente de los propios sentimientos, y se es capaz de aceptarlos, se puede uno ayudar a sí mismo y a los demás dando una atención sin juicios, donde nuestras expectativas o proyecciones no se conviertan en una losa que cargamos en la espalda del niño, sino un estímulo para descubrir y vivir emociones y experiencias, condición hacia el real descubrimiento de sí mismo.

Ser espontáneos no significa decir en el momento todo aquello que se nos pasa por la cabeza, sino recordar en cada ocasión de diálogo que hemos de ser sencillos, sinceros y responsables.

4. «Acojo lo que me cuentas»: aceptación positiva incondicional

Es el reconocimiento del niño como ser único y especial, con sus ideas, sus emociones y sentimientos, su capacidad de decidir y actuar, hacia el que el progenitor o el educador puede tener una actitud afectiva de confianza y valorización carente de cualquier valoración o juicio.

La expresión más concreta de esta actitud es la capacidad de aceptar al niño exactamente en lo que es y en lo que está sintiendo en el momento presente, acogiendo los aspectos de coherencia pero también las zonas de sombra y ambiguas que puede atravesar. De este modo favorecemos un cambio que no está fundado en la necesidad de obtener nuestra aprobación, sino solo en el empuje a evolucionar cada vez más en su crecimiento.

5. «Percibo lo que sientes»: empatía

Se trata de la valiosa capacidad que permite entrar en el mundo de un niño sintonizando con los cambios emotivos que, momento a momento, se dan en él (miedo, rabia, ternura, confusión, etc.). Es una manera de probar a ponerse en su lugar, moviéndose con delicadeza sin expresar nunca juicios, de modo que podamos estar preparados para percibir incluso los significados y las emociones de las que el niño podría no ser del todo consciente. Recordemos que en este proceso no hay que esforzarse siempre en descubrir los sentimientos de los que el niño no se da cuenta del todo, ya que esta exteriorización podría ser percibida como amenazadora y crear bloqueos en su expresión. La empatía nos permite crear un campo de cercanía comprensiva que hace sentir al niño nuestra presencia en el sufrimiento y en la felicidad, compartiendo con él sus emociones.

6. «Te cuidaré»: respeto y atención

Para que el talento que acompaña a cada niño encuentre espacio para manifestarse por completo, es importante que el progenitor manifieste respeto y reconozca valor a todo aquello que el hijo expresará: sus pensamientos, sus intereses, sus emociones y sobre todo sus sueños.

Cuidar es un acto de amor que es capaz de revolucionar positivamente cualquier relación, porque el niño siente que puede ser él mismo, con sus recursos y sus fragilidades, y que puede contar siempre con la ayuda y la comprensión del progenitor.

7. «Confío en ti»: confianza

Crear en la familia un clima tranquilo y de confianza se hace indispensable para favorecer el crecimiento armonioso del niño, entrando en empatía con él y dándole la libertad adecuada a su edad y al contexto en el que vive, pero sin perder de vista el propio papel educativo.

Si un niño siente que los padres confían en él y que a su

vez puede fiarse de ellos, se abrirá y hablará de sí mismo sin temor a ser juzgado: solo así podremos conocer verdaderamente a nuestros hijos. La confianza contiene y tranquiliza, confía y deja espacio, controla y restituye, pide cuentas y evalúa; no juzga, no desprecia, no inhibe.

8. «No estás solo»: compañía

Cada progenitor trata de acompañar a los hijos hacia la resolución de sus dificultades y sus momentos de fragilidad, pero esto no significa que deba ser coercitivo e indicar lo que el niño tiene o no tiene que hacer.

El papel de los padres debería ir a la raíz, colocándose como objetivo la idea de ayudar a los hijos a descubrir, aprender, obtener experiencia, para utilizar por sí mismo la «brújula» que les permitirá orientarse en el mundo y hacer, una tras otra, las elecciones más oportunas. Proporcionar una brújula no significa indicar una dirección ya preestablecida, sino asegurar presencia y sostén mientras los hijos, al crecer, aprenden a descifrar el mundo y comprender como se pueden mover para orientarse lo mejor posible y alcanzar su propio desarrollo con el grado justo de autonomía.

9. «No olvido cómo era yo a tu edad»: dimensión niña

Al acompañar a nuestros hijos en el descubrimiento de la vida, los padres inevitablemente debemos volver a las emociones que sentimos cuando teníamos su edad y dejar espacio al niño que habita en nuestro interior. Esto nos permitirá vivir momentos de despreocupación y sutileza junto a ellos, sintonizarnos con la experiencia que están viviendo y a veces incluso volver a ver nuestro guion de partida, aquel que la familia de origen nos enseñó del modo más potente: a través del ejemplo. A veces es importante separar algunos aspectos para conseguir intervenir en situaciones que parecen repetirse continuamente, atándonos tanto a nosotros como a nuestros hijos y ahogando incluso la posibilidad de crecer juntos en el juego y en el diálogo, desencadenando así la creatividad para lograr levantar el vuelo.

Volver a nuestra dimensión de niños puede ayudarnos a comprender un poco más cuáles fueron los pasajes decisivos que nos han hecho el progenitor que somos, y si es necesario reflexionar y trabajar sobre estos puntos de fragilidad para tratar de ser adultos cada vez más resueltos y eficaces.

10. «Comprendo tus emociones»: llamada al sentimiento

Reflejar como un espejo las emociones de nuestro hijo representa una de las habilidades fundamentales de los padres: permite al niño sentirse reconocido en su parte más vital y humana y al mismo tiempo más magmática y vulnerable. Los resultados y los reconocimientos que encontrará en el mundo no son nuestro objetivo; lo que es vital para nosotros es sentirlo y vivirlo como persona «feliz» de sí y de aquello en lo que se está convirtiendo. Para conseguir hacerlo correctamente, sin proyectar imágenes y pensamientos que pertenecen a la visión que tenemos de él y no de su realidad, debemos tratar de percibir en profundidad aquello que está sintiendo, interceptando las señales que podrá comunicarnos y conociendo bien su lenguaje emocional, verbal y no verbal.

A menudo es más común empatizar con el niño en los momentos de sufrimiento o de esfuerzo: pero no debemos olvidar que para los hijos es muy valioso recibir nuestra atención y el reflejo de todos los sentimientos que nos muestran, sea aquellos que perciben como negativos o los que perciben como positivos.

Cuando un niño consigue sentirse comprendido, y por tanto libre de expresar la emoción que está viviendo, comprende mejor aquello que siente en los más variados matices.

Experimentando los diez pasos, descubriremos que este modo de estar a su lado contribuirá a hacer florecer la relación, porque un niño que se siente escuchado y comprendido en todas sus facetas es libre de ser él mismo y quererse, en el respeto de sus recursos y fragilidades. ¿No es quizá este el mejor modo para ayudarles a descubrir de verdad quiénes son?

2

Emociones, pasión, sueño

«Ser buenos padres implica la emoción.»

JOHN GOTTMAN

Buscar el camino

El talento no siempre tiene una vida fácil. El camino que lleva a su descubrimiento no es lineal ni inmediato, pero la educación que viven nuestros hijos en la familia y en la escuela puede ayudarles a sacar a la luz sus recursos y sus potencialidades. La facultad de reconocerse capaces en ocasiones diversas les ayudará a tener fe en sí mismos y a detectar los posibles talentos que guardan dentro de sí.

Un niño sereno y que recibe atención y consideración por parte de los adultos de referencia consigue con más probabilidades aplicarse a una actividad en la que advierte que aquello que está haciendo es algo apasionante y en línea con su sentir. En estos casos lo hace sin obtener nada a cambio, pero profundiza y se interesa en ella solo porque amplifica aquello que es él en lo más profundo.

Al contrario, si un niño no se siente nunca a la altura de las expectativas porque ha tenido cerca figuras adultas perfeccionistas, críticas y juzgadoras, o bien ha sido etiquetado como un niño «poco capaz» (quizá comparándolo con un hermano, primo o amigo brillante) más difícilmente conseguirá concederse el espacio de profundizar en sus talentos.

Como hemos dicho, el niño, para expresar sus talentos necesita conocerse de manera auténtica, sin interferencias ni intromisiones. Permitirle conocerse significa «autorizarle» a entrar en consonancia con sus emociones, escucharlas, conocerlas, comprenderlas y gestionarlas de forma eficaz.

Es importante hacer experimentar a nuestros hijos sus emociones. A veces tendemos a evitarles ciertas experiencias («No, no juegues con Paolo porque os vais a pelear y te enfadas», «Venga, no llores... mira el pajarito») y tratamos de distraerlos de aquello que les provoca ese momento de disgusto. Pero las emociones que se manifiestan en nuestro interior (miedo, rabia, tristeza, alegría) nos pertenecen y es justo conocerlas para no dejarnos arrollar por ellas. Si los adultos en primer lugar aprendemos a gestionarlas, esta competencia nos permitirá acompañar a nuestros hijos en el descubrimiento de las suyas.

Nuestro estar es esencial para estimularles a experimentar emociones y estados de ánimo, a consolidarse con pequeños desafíos cada vez más lejos de su «zona de confort« en la que están cómodos porque conocen perfectamente la situación.

Los cinco estímulos para hacer aflorar el talento

Cuando nos comunicamos con ellos y les acompañamos en la exploración de zonas que amplifiquen el espacio «emocional» para dejar emerger los talentos como expresión de un potencial en evolución que queremos reconocer y acoger, debemos tener siempre en cuenta que es fundamental:

- respetar la unicidad de cada niño;
- educar en la creatividad, porque el talento no teme el cambio;
- aprender a contemplar el silencio fuera y dentro de sí;
- descubrir el aburrimiento como ocasión para escucharse y conocerse;
- valorizar el juego como momento por excelencia del aprendizaje.

A menudo, entre otras cosas, el talento salta cuando menos lo esperamos, no se expresa de forma fulgurante y es difícil de reconocer, como si se divirtiera escondiéndose para salir a la luz cuando el niño encuentra el espacio para darse cuenta de que existe una actividad que le sale realmente bien y a la que se dedica con un placer especial. Justo por esto, es necesario estar presentes de una manera oportuna, sin interferir demasiado ni presionar para obtener resultados.

Filippo era un niño muy silencioso. Cuando tenía que relacionarse con los demás lo hacía con una voz insegura y afligida. Incluso hablar con sus coetáneos le resultaba difícil. Filippo, sin embargo, devoraba un libro tras otro y cuando la maestra le pedía que leyera en clase su voz se transformaba: las palabras se hacían fluidas, claras, seguras. Todos los compañeros se quedaban con la boca abierta, extasiados por el sonido de su voz.
Ese ha sido siempre uno de sus mayores talentos.

Un talento para las emociones

El talento con el que cada uno de nosotros está dotado condiciona nuestra vida. Para conseguir transformar un sueño en algo concreto se necesita creatividad, pero no debemos cultivarlo solo para que se manifieste un día en una elección o en una oportunidad profesional. Al contrario, el talento puede enriquecer y hacer más alegre la existencia, puede hacernos mejores personas, puede ser transversal y acompañar nuestra vida, desde la infancia hasta la edad adulta, como una actividad, una pasión o una inclinación aunque luego elijamos desarrollar un trabajo totalmente diferente.

> A los seis años, Valeria dibujaba el mundo que tenía dentro de manera intensa y verdaderamente original. Sus padres habían imaginado para ella un futuro en el ámbito artístico. «¿Serás ilustradora?» le preguntaban a menudo. Ella, la mayoría de las veces, asentía porque los niños tienen la percepción de aquello que los adultos esperan de ellos y a menudo no quieren desilusionarlos.
> Sin embargo, cuando llegó el momento de elegir sus estudios, optó por un ámbito muy lejano del mundo del arte. Hoy Valeria es abogada y el dibujo sigue formando parte de su vida: es una afición, un espacio que dedica a sí misma para expresar su creatividad, un modo de relajarse y también para encontrar lucidez y concentración.

No siempre los talentos tienen un resultado práctico inmediato, y tampoco necesariamente artístico, sino que pueden expandirse en muchísimas direcciones: desde el talento para la lectura hasta el de las matemáticas, la música, el deporte, pero también para la comunicación. De hecho, tener una buena capacidad de relación es ya de por sí una valiosa habilidad capaz de influir de manera esencial en la vida de una persona.

Como escribió John Gottman: «Cuando los padres ofrecen empatía a sus hijos y les ayudan a afrontar sentimientos negativos, como la rabia, la tristeza y el miedo, tienden entre ellos y sus hijos un puente de sinceridad y apego». Aprender a reconocer, valorizar y cultivar la llamada «inteligencia emocional» de los niños significa escuchar y prestar atención a la profunda unión entre el talento y la creatividad, entendida como la capacidad del individuo de relacionarse con el mundo y encontrar soluciones para hacer que las cosas funcionen mejor.

> Emanuele descubrió su talento y su pasión por la escritura cuando tuvo que afrontar un momento difícil de su vida: en el colegio era víctima de acoso por parte de un grupito de compañeros. Emanuele encontró el modo de expresar su malestar sacando, negro sobre blanco, sus miedos, sus angustias, sus sufrimientos. La escritura le salvó y le ayudó a relatar, no solo a sí mismo sino a los demás, lo dolorosa que era la mortificación y la soledad que estaba viviendo.

El ejemplo de Emanuele nos hace reflexionar: en este caso su talento se manifestó tras una profunda angustia y saberla aprovechar le permitió encontrar una manera de mejorar su propia existencia. Hacer que fructifiquen las dotes de nuestros hijos, por tanto, podría ser un modo para darles nuevas herramientas con las que afrontar los problemas, para que un día estén preparados para encontrar solos estrategias alternativas frente a los problemas personales. También estos son talentos que con nuestro apoyo pueden y deben construir ellos, para crecer cada día más serenos y más libres.

El talento y los *talent*

En un magnífico artículo, el extraordinario escritor y profesor Alessandro D'Avenia reflexiona sobre el tema del talento recordándonos que «la vida no tiene valor por la prestación, sino por la presencia», porque «crear, de hecho, tiene la misma raíz que crecer: crea quien hace crecer la vida, es decir, quien ama».

A menudo, sin embargo, nuestra sociedad tiende a ver el talento como un *show*, como una puesta en escena y no como una auténtica expresión de sí, por lo que resulta cada vez más difícil pensar en el talento sin asociarlo a los *talent* (concursos generalmente televisivos en los que los participantes muestran algún tipo de habilidad y son evaluados por un grupo de jueces) y por tanto a la idea de competición.

En esos programas de televisión, los chicos hacen espectáculo de un trayecto hacia el éxito que ciertamente es producto de esfuerzo y pasión. Los *talent* son un gran escaparate, pero no determinan en absoluto quién eres ni qué éxito tendrás, son una oportunidad y así deberían ser considerados: una ocasión para vivir una experiencia nueva, para entrar en un juego y aceptar que se trata en cualquier caso de una competición y que al final no siempre quien gana será vencedor.

Un aspecto a favor de los *talent* son las historias de los participantes. La mayoría de los chicos, incluso los muy jóvenes, han estudiado y hecho sacrificios, creen en el propio talento y en sus posibilidades. Por tanto, el mensaje de que solo a través del esfuerzo se pueden alcanzar los sueños es absolutamente positivo.

En los *talent* se pone también de relieve la relación con el mundo de los adultos (profesores, tutores, jueces). A menudo, a los participantes se les regaña si no respetan las reglas o la autoridad de quien se pone a su disposición, pero a la vez se les estimula para dar siempre lo máximo de sí: mensajes todos que para un joven constituyen buenos ejemplos.

Pero ¿qué decir del éxito fácil? Puede ocurrir que un niño quede deslumbrado por los focos. Un plató de televisión que aclama el nombre de un concursante que pocos meses antes era totalmente desconocido tiene sin duda un fuerte impacto psicológico. Trabajar en las emociones que se liberan a partir de ciertas experiencias es importante para ayudar a nuestros hijos a gestionarlas de manera más equilibrada y aceptar aquello que viven con mayor consciencia.

El ideal, por tanto, es que el progenitor vea junto a sus hijos el programa de manera que pueda subrayar los aspectos positivos y formativos, reflexionar sobre los negativos y aprovechar la oportunidad de sondear e indagar posibles intereses y predisposiciones de sus hijos.

Como en la vida, en los *talent* el futuro reserva grandes sorpresas: ha ocurrido muchas veces, tanto en Italia como en el extranjero, que una vez fuera del programa, los ganadores se encontraron con que el éxito se apagó en un verano. Otros supieron cultivar esa ocasión de crecimiento para perfeccionar su pasión y, aunque «perdedores» en la competición, después construyeron carreras artísticas brillantes.

Esto, en menor medida, ocurre también muchas veces en la vida de cada día, cuando, por ejemplo, un niño que en el colegio no destaca como otros compañeros en las dinámicas de clase consigue demostrar sin embargo en la vida cotidiana una conciencia, una serenidad y una capacidad de integrarse en el grupo que otras «pequeñas estrellas» no tienen.

Esta experiencia nos invita a reflexionar sobre la posibilidad de que el talento no coincida ni sea reducible solo a la victoria de quien brilla bajo los focos. El talento es aquello que expresamos de nosotros mismos, aquello que hemos recibido y sabemos volver a poner en juego en la vida, en las relaciones, en el mundo y que supone nuestra personal contribución y que nos hace únicos. Alguno lo expresará con la voz o un dibujo, otros con un abrazo, una sonrisa o la capacidad de escuchar a un amigo.

¿Se puede cultivar el talento soñando?

Sabemos por experiencia que para que un talento pueda manifestarse es necesaria una estructura hecha de competencias y habilidades. La práctica, la paciencia y el tiempo ayudan a que nos sintamos mejor en una actividad y a hacerla verdaderamente nuestra, sin importar si se trata de algo que tiene un objetivo profesional, de una afición o de una cualidad intrínseca. A su vez, la pasión hace que el tiempo dedicado a su práctica sea un placer, y a menudo la señal de un talento se manifiesta precisamente así, en las cosas que un niño hace espontáneamente, con alegría y libertad; aquellas que le relajan cuando está cansado y le hacen perder el sentido del tiempo cuando está inmerso en su fascinación, de las que, de vez en cuando, los padres tenemos la ingrata tarea de tenerles que alejar para reclamarles la hora.

Al final, concluimos que es justamente el talento lo que nutre al talento: una vez que el niño consigue reconocerlo, la pasión es valiosísima para aprender, profundizar, mejorarse y crecer, canalizando las energías en la dirección que él siente con más fuerza y están más cerca de sus sueños.

Para nosotros es así también: si pensamos en nuestra experiencia nos damos cuenta de que cuando nos gusta hacer algo conseguimos sumergirnos en ello, sin percatarnos del tiempo que pasa, como un niño montando una construcción y perdiéndose en el juego.

Dejar que el niño explore en plena libertad su espacio de sueño es en verdad importante. En ese momento de fascinación él está creando y construyendo, con el apoyo de la pasión que le empuja a mejorar y probar las veces que sea necesario: se le cae la torre y él vuelve a levantarla, no se cansa, justo porque se apoya en el hecho de dedicarse a una actividad que le gusta, en la que se sumerge de buena gana y que le nutre por sí misma.

Puede ocurrir que el niño pierda del todo el contacto con la realidad por lo absorto que llega a estar en sus sueños y fantasías. Lo más difícil para un progenitor o un educador es ser un buen guía para que el niño aprenda a equilibrar su naturaleza más creativa y libre con la capacidad de volver a poner los pies en el suelo en el momento oportuno y no encontrar en el mundo fantástico un refugio del mundo real.

LA HISTORIA INTERMINABLE

Una película que desde hace decenios llega al corazón de los niños (y de los padres) hablando de estos temas es *La historia interminable*, adaptación de una novela de Michael Ende, que narra la aventura del pequeño Bastian en un reino fantástico. Tras haber perdido a su madre, el niño encuentra consuelo en los libros; tanto que el padre le regaña a menudo pidiéndole que vuelva a poner los pies en el suelo porque tiene miedo de que el hijo se pierda en sus fantasías. Pero cuando Bastian se vea catapultado al reino de Fantasía, la prueba decisiva a la que deberá enfrentarse para salvar a todos de la terrible amenaza de la Nada que avanza, será justamente desencadenar su fantasía para dar un nombre especial a la jovencísima Emperatriz. Para hacer esto, deberá encontrar el justo compromiso con las indicaciones paternas. Un ejemplo de ello es un impactante diálogo justo en el momento más trágico.

La joven Emperatriz, aterrorizada por el peligro que amenaza, trata de animarle: «¡Bastian! ¿Por qué no escuchas a tus sueños?».

Pero el niño, preocupado por infringir las reglas, exclama: «¡Tengo que tener los pies en el suelo!».

Sin embargo, la fe en la Emperatriz le infunde el valor para superar esta prueba y darle el nombre que a ella más le gusta: el de su madre.

Una metáfora bellísima del poder que tiene nuestra creatividad para inventar soluciones nuevas y hacer única a cada persona, contrastando esa Nada que anula y aplana, y que hoy todavía puede adoptar muchísimas formas. Cada niño, como Bastian, tiene la energía suficiente para ser un modelo de fantasía, encontrando mil expresiones para darnos prueba de ella con una idea, un dibujo o simplemente un juego que le permite hacer un viaje a su personal reino de Fantasía.

La creatividad: la inteligencia divirtiéndose

La creatividad representa la capacidad que tiene nuestra mente para transformar las cosas que ya existen e inventar algo nuevo: es la inteligencia que se divierte y consigue encontrar así soluciones innovadoras y eficaces. Pero no nace de la nada: el papel central lo juega la necesidad de profundizar, porque para ver la chispa de aquello que no existe aún y poder transformar lo que hay, es necesario, ante todo, conocerlo bien.

La creatividad es la única arma que puede salvarnos en las situaciones difíciles y de conflicto: cuando se presenta un problema, un niño acostumbrado a cultivar el así llamado «pensamiento lateral» y a ser tenaz en la búsqueda de una solución diferente de aquella que no ha funcionado tiene mayores posibilidades de mirar más allá, de imaginar y crear un resquicio de luz poniendo en acción mecanismos de compensación que le permiten mejorar la situación.

Si yo aplico mi creatividad, puedo modificar lo que estoy viendo y también mi manera de mirar lo que ocurre, porque la mente creativa me permite ver las posibles vías de salida. En su juego, el niño, coge espontáneamente una cosa o una situación y la transforma en otra, o bien él mismo se convierte en otro distinto (el clásico ejemplo de: «jugamos a que soy…»). Al estimular la creatividad en los niños, cultivamos en ellos la actitud de pensar que pueden encontrar soluciones innovadoras a lo largo de toda su vida, porque, sobre todo en un tiempo que pasa a gran velocidad como el nuestro, se presentará siempre la necesidad de mirar más allá: en el trabajo, en la vida personal, en la cotidianeidad.

Si conseguimos proporcionarle desde pequeño herramientas con las que aprender a ser una persona capaz de adaptarse, luego tendrá la posibilidad de encontrar por sí mismo una solución creativa cada vez que lo necesite.

Al crecer, seguirá creando, como si a través de sus talentos se creara cada día un poco también a sí mismo.

CÓMO ESTIMULAR LA CREATIVIDAD

- Dejémosles libres para experimentar, dándoles quizá la posibilidad de utilizar diferentes formas de expresión (movimiento, escritura, teatro, construcciones, dibujo, canto);
- no se debe juzgar nunca su forma de expresión creativa, sino más bien valorizar su unicidad y originalidad;
- respetemos el aburrimiento como espacio para dar origen a sus descubrimientos y creaciones;
- respetemos, lo más posible, el tiempo que necesitan para crear: darles solo cinco minutos significa no darles el espacio necesario para el nacimiento de un nuevo proyecto creativo;
- dejémosles jugar lo más posible: la creatividad se genera en el juego;
- favorezcamos el conocimiento de diferentes lenguajes, serán ellos los que luego elegirán el que prefieran.

3

Escuchar con el corazón

«Es una de esas paradojas, sencillas pero bellísimas, de la vida: cuando una persona siente que está sinceramente aceptada por lo que es, se siente libre para tomar en consideración un posible cambio, para pensar en un posible crecimiento, para ver en qué le gustaría convertirse, para averiguar cómo realizar óptimamente su potencial»

Thomas Gordon

Ayudemos a nuestros hijos a convertirse en aquello que son

Para reconocer y valorizar el talento en su forma más auténtica, los padres debemos dirigir a nuestros hijos una mirada carente de prejuicios, ideas o proyecciones.

Incluso cuando surgen con la mejor intención, las expectativas ahogan al niño, lo constriñen, le hacen prisionero. Para ayudar a nuestros hijos a convertirse en aquello que realmente son y en aquello que quieren ser y no en lo que nosotros imaginamos que podrían ser es importante recordar siempre que no son una prolongación de nosotros. Debemos proporcionarles apoyo pero dejándoles libres, ya que en caso contrario es natural que en un primer momento el niño trate de secundar nuestros deseos, para que luego, muy probablemente en la adolescencia, rechazar todo aquello hacia lo que le hemos tratado de dirigir. No es solo el progenitor oprimente el que impone a sus hijos por fuerza un cierto tipo de actividad o de actitud: también una impostación menos autoritaria puede condicionar igualmente el desarrollo de un niño sobre el que influye con mucho peso todo lo adverso o animoso que recibe de nosotros, para bien o para mal.

De hecho, ellos consiguen captar siempre nuestras expectativas y nuestras ansias de prestación, aunque tratemos de enmascararlas. Podrán reaccionar de diferentes formas, según el carácter y el contexto, pero sin duda en ese punto su comportamiento no será ya ni espontáneo ni alegre: tanto si se esfuerzan en la exteriorización y la excelencia a costa de todo, como si por el contrario pierden confianza en sí mismos y se rinden porque se sienten aplastados e inadecuados.

No olvidemos nunca que nuestro hijo vale por lo que es y no por lo que hace o por los resultados que alcanza. Al abandonar la imagen del niño ideal que teníamos en mente, quizá incluso antes de que naciera, experimentamos la felicidad de conocer a una persona especial que en su proceso de desarrollo conseguirá sorprendernos día tras día.

Mi hijo: ¿un desconocido?

Aprender a escuchar a los niños con plena disponibilidad y con una forma de aceptación incondicional es un buen desafío para cualquier adulto: la idea es que no aceptemos a nuestro hijo solo cuando expresa ideas o tiene comportamientos idénticos a los nuestros, sino siempre y en cualquier caso, prescindiendo de quien es, estando atentos a cómo mira él el mundo y acogiendo la sorpresa con la que él lo descubre.

Creemos conocer a fondo a nuestros hijos, pero ocurre que nos sorprendemos cuando los profesores nos cuentan actitudes muy diferentes respecto a las que nosotros observamos en casa. Esto ocurre porque el docente tiene una mirada diferente de la nuestra y, si conseguimos asumir de un modo positivo los posibles apuntes y observaciones hechas respecto a nuestros niños, la confrontación podría ser en verdad productiva o bien porque nuestros hijos se expresan de forma inédita en otros contextos, y es un comportamiento del todo natural.

En las relaciones sociales el niño desarrolla muchas competencias, que quizá nosotros no conocemos porque en casa juega solo o con su hermano, en una situación muy diferente a la de la clase o el patio del colegio. En el grupo cambia, aprende a encontrar su espacio y a experimentar diversas formas para estar con los demás.

Tener la ocasión de entrar en varios grupos es muy constructivo: en cada situación el niño encuentra una connotación diferente de sí mismo, porque a cualquier edad somos también un conjunto de relaciones, de uniones. Será interesante para un progenitor observarle (o bien tomar nota de aquello que referirán profesores y educadores) en cada ambiente y captar los diferentes matices: el colegio, las actividades extraescolares, los amigos, etcétera.

El paso sucesivo será la aceptación incondicional, o bien la capacidad de ver y querer a los niños por lo que son, sin hacerse películas sobre aquello que podrían hacer, o decir, o pensar en contextos en los que no estamos presentes.

La actitud más «justa» (aunque sería mejor decir «eficaz») para un progenitor o un educador es justamente la de aceptar al niño prescindiendo de aquello que dice y hace.

Estoy segura de que os preguntaréis: ¿entonces debo aceptarle y sonreír incluso cuando desordena el salón o en el colegio da un empujón a un compañero, porque esa es su «naturaleza» y está expresando así su talento?

¡Obviamente no!

Aceptar incondicionalmente a un niño no significa aprobar todo lo que hace, sino estar siempre dispuestos a escucharle. Podemos y debemos expresar desaprobación sobre un comportamiento que consideremos no correcto, pero teniendo constantemente abierto el terreno del diálogo.

Desde luego no es fácil actuar siempre así, porque para hacerlo debemos conseguir desconectarnos por algún momento de aquello que estamos haciendo o de los problemas que nos ocupan la mente. A menudo cuando recogemos a nuestros hijos del colegio o cuando volvemos a casa por la tarde, tenemos aún la cabeza en el trabajo y estamos tensos a causa del estrés que hemos acumulado durante el día. ¿Qué hacer para «resetearnos» y «sintonizarnos» con nuestros hijos? Yo he elaborado una pequeña estrategia, pero cada cual puede encontrar su modo para «activar» la escucha y «apagar» todo lo demás. Para colocarme en un buen estado de ánimo y descargar el estrés, lo primero que hago mientras me dirijo al colegio a recoger a mi hija es tratar de visualizar un momento o una imagen feliz. Pienso en su sonrisa, o bien en algo bonito que haremos juntas, y las preocupaciones, las pequeñas tensiones empiezan a desaparecer.

Los padres debemos tener los oídos bien atentos para captar todas las informaciones útiles que nuestro hijo quiera expresar y no podemos correr el riesgo de perdernos detalles solo porque estamos cansados y respondemos mecánicamente: «Sí, sí, ¿de verdad?».

Incluso en un pequeño relato de cotidianeidad nuestro hijo nos puede comunicar algo que para él es muy fuerte emocionalmente, mientras nosotros no estamos sintonizados con aquello que nos está contando porque estamos demasiado ocupados en pensar en esa persona a la que no nos ha dado tiempo a llamar, en la cita de mañana, en los correos recibidos o en los mensajes que no paran de aparecer en el teléfono.

En ese momento, la sincera pregunta de nuestro hijo: «¿Me estás escuchando de verdad?» nos trae al «aquí y ahora» y nos recuerda lo importante que es el tiempo que pasamos con él.

En momentos como este, para mí, la mejor respuesta es la más sincera, y más de una vez he tenido que dársela a mi hija: «Perdóname, estoy muy cansada y tenía la cabeza en otro sitio, pero ahora ya te escucho». Al expresar la voluntad de escuchar atentamente, el diálogo cambia muchísimo. Pedir a nuestros hijos que sean auténticos significa serlo primero nosotros incluso admitiendo nuestras dificultades, nuestros errores y luego propiciar el placer de un diálogo sin límites.

Y pedir «perdón» cuando nos equivocamos nos hace más auténticos y cercanos a su sentimiento.

Aprender el arte de la escucha activa

A menudo, a los niños les cuesta poner palabras a sus pensamientos y sentimientos: también este es un talento a cultivar. Un método verdaderamente eficaz, en mi opinión como educadora y como madre, es el de la escucha activa de Thomas Gordon, psicólogo americano que escribió libros muy útiles: *Padres eficaz y técnicamente preparados, Maestros eficaz y técnicamente preparados, Comunicación eficaz.*

El suyo es un método muy consolidado, usado también en

orientación para afinar el arte de la escucha con una persona y aprender la diferencia entre escucha activa y la que practicamos habitualmente. El objetivo es escuchar de verdad, sin juzgar. Escuchar para acoger al otro y reconocerle su importancia, abrir un espacio para la empatía fundado en la autenticidad y en la ausencia de juicio y de prejuicio, de manera que el niño se pueda sentir libre de manifestar aquello que siente exactamente por lo que es, sin ningún tipo de filtro, en los momentos mejores así como en los más difíciles.

La escucha activa es un método de comunicación que proporciona grandes sorpresas a todos. Ayuda a nuestros hijos a tomar consciencia de sus propias emociones y sentimientos.

Sí, porque ser escuchados y escuchar de forma auténtica impulsa nuevas formas de comprensión y de relación. Significa abrir de par en par los ojos, los oídos, la mente y el corazón a quien está frente a nosotros y dar el máximo valor a cualquier cosa que se nos pueda decir.

LA ESCUCHA ACTIVA EN CUATRO PASOS

En el libro *Padres eficaz y técnicamente preparados* de Thomas Gordon hay mil ideas para extraer y aplicar a nuestra cotidianeidad. Escuchar activamente a nuestros hijos favorece una relación íntima y auténtica y nos sorprenderá cómo comenzarán a contarnos y a confiarse mucho más con nosotros. Recordemos que cualquier método, teoría o estrategia funciona solo si creemos en ello verdaderamente y si conseguimos adaptarlo a nuestro estilo educativo y a nuestro sistema de valores.

- Al principio escuchamos a nuestro hijo mirándole a los ojos y permaneciendo en silencio, sin interrumpirle en ningún momento; de esta manera le hacemos sentir que le estamos prestando la máxima atención y que lo que él dice es importante para nosotros.

- Cuando comprendemos que el discurso ha entrado en lo más vivo, podemos reforzar su confianza con algún breve mensaje que le transmita nuestra participación, tanto con palabras como con señales no verbales como una sonrisa o una mirada de comprensión.

- Alentando el relato personal y emotivo. Podría ocurrir que en un determinado momento empiece a tener alguna dificultad para seguir hablando, quizá justamente porque se está acercando a temas delicados para él. En ese punto, podría ser muy útil que se le anime con una invitación a profundizar: «¿Quieres contarme algo más sobre este aspecto?» o «¿Me contarías lo que estás sintiendo?» son frases muy útiles para que perciba que no estamos juzgando, sino que estamos sinceramente interesados en escuchar.

- Por último, con palabras nuestras desciframos, sin hacer suposiciones o interpretaciones o juicios, el significado de los mensajes que nuestro hijo nos ha dado, de manera que le hagamos comprender que hemos recibido lo que está viviendo, dándole la posibilidad de corregir o integrar algún aspecto. En esta fase restituimos con atención y delicadeza aquello que nos ha contado con palabras, con emociones, con estados de ánimo y con sentimientos.

Aplicar a los niños esta modalidad de escucha regala siempre sorpresas: cuando sienten que pueden expresarse libremente consiguen abrirse y nos ofrecen sus emociones y pensamientos de forma sincera. Conseguir esos pocos minutos es suficiente para marcar la diferencia y construir día a día un diálogo nuevo, en el que ellos consigan expresarse verdaderamente.

Todo esto es la base para que un niño desarrolle sus talentos de forma libre y gozosa, como explica Gordon en *Padres eficaz y técnicamente preparados*: «Cuando una persona es capaz de sentir y de comunicar a otra una aceptación sincera, esta puede convertirse en una gran ayuda. La aceptación del otro tal como es, es determinante para construir una relación en la que el otro pueda crecer, madurar, realizar cambios constructivos, aprender a resolver problemas, tender a un equilibrio psicológico, hacerse más productivo y creativo, realizar plenamente su propio potencial».

«Ayúdame a comprenderte»

Para prepararos a escuchar activamente a vuestro hijo tenéis que predisponeros de la mejor manera posible, tomando distancia del cansancio del día y evocando en vuestra mente un pensamiento positivo que os dé energía y os recargue (una hermosa imagen radiante, su sonrisa, un recuerdo alegre). Cuando el niño empieza a hablar de sí mismo, le supone un cierto esfuerzo: para agilizar podría ser útil predisponer un espacio en el que se sienta especialmente bien o establecer un ritual de confort.

Tratad de posicionaros a su altura para poderle mirar a los ojos, aunque entiendo que el día a día no siempre es fácil. Para mí, como madre, el momento de las comidas es una buena ocasión de encuentro e intercambio, pero, además de estos, trato de encontrar otros durante el día. Por ejemplo, me gusta mucho cuando por la tarde volvemos del colegio en el coche; ahí quizá no puedo mirar a mi hija a los ojos, excepto algún vistazo a través del espejo retrovisor, pero con el tiempo se ha convertido en nuestro espacio para la charla, muy íntimo y valioso, así como la hora de la lectura antes de dormir.

Desde luego no es siempre fácil utilizar este tipo de acercamiento, y en los momentos de cansancio es verdaderamente arduo, pero poco a poco esta práctica podría convertirse al menos en parte de un automatismo, un buen modo para escuchar en profundidad a nuestros hijos y dar valor a aquello que nos cuentan. Cuando percibimos que escucharles activamente abre de par en par las puertas de su corazón, este aprendizaje educativo se convierte en una prioridad para nosotros.

Escuchar significa también dar espacio a la aceptación incondicional. Como hemos apuntado, esto no quiere decir que si nuestro hijo nos confía que se ha comportado mal en el colegio le alabemos, pero podemos esforzarnos en seguir manteniendo abierto el diálogo: «Gracias por contármelo, lo aprecio mucho de verdad». E inmediatamente después hacerle comprender que se pueden cometer errores, pero las experiencias deben educarnos para modificar nuestro comportamiento: «¿Crees que el día de hoy te ha enseñado algo? ¿Si te encontraras en una situación parecida cómo reaccionarías?». Debemos asignar a nuestros hijos la responsabilidad de sus actos y de sus opiniones. No podemos y no debemos desautorizarles. La aceptación se convierte en un requisito previo para escuchar de manera atenta y eficaz, que no se transforma en reproche o castigo, pero mantiene abierta la posibilidad de trabajar juntos sobre ello para ayudarle a descubrir dónde ha ocurrido algo que evidentemente no ha funcionado.

Alessandro, consciente de haber defraudado las expectativas de sus padres, había empezado a manejarse entre una mentira y otra. Los castigos habían disparado en él el miedo a contar lo que era y lo que vivía. Los padres ya no le reconocían. Un día, durante una comida, el padre le dice: «En los últimos tiempos he reflexionado sobre el fracaso de todos los castigos que te hemos impuesto para buscar resultados satisfactorios y hacerte entrar en vereda. Luego, hablando ayer con un amigo que ha tenido la misma experiencia con su hija, me quedé sorprendido ante una pregunta que me hizo: "¿Cómo podrías utilizar la energía que gastas en castigarle de forma más positiva?". No entendí el sentido de la pregunta, pero me dio la respuesta de forma sencilla: "¡Es indudable que se requiere una gran habilidad para construir todos esos subterfugios! ¡Alíate con las habilidades de tu hijo más que con tus exigencias!". Alessandro, ahora lo he entendido. Tenemos que partir de tus habilidades, de tus talentos, para poder iniciar juntos este viaje».

Para padres e hijo, la aceptación fue el inicio de un nuevo camino que resultó mucho mejor para su relación y para el futuro de Alessandro.

Desperdiciamos gran parte de la comunicación padres-hijos al decirles cómo deben ser, sin percatarnos de que creamos en ellos una gran sensación de frustración, porque no son aquello que nosotros querríamos. Escuchémonos de vez en cuando: «Haz, coge, muévete, limpia, ordena, lee, come…». No hay duda de que les queremos muchísimo, pero la comunicación que utilizamos muy a menudo no facilita una relación íntima y auténtica.

La idea es trabajar en la necesidad de estimular a nuestro hijo para ser honesto y auténtico, asumiendo a la vez la responsabilidad de reflexionar sobre aquello que no funciona y sobre cómo se puede remediar. Si él empieza a contarnos («Sabes, mamá, hoy en el cole…») y nosotros estamos ya desaprobando con la cabeza, o previniendo con un «No me digas que hoy también te has portado mal», le hacemos percibir que le escuchamos con una actitud de juicio o incluso punitiva.

Obviamente, la vez siguiente no nos contará ya nada, más aún, tenderá a esconder las experiencias negativas vividas en el colegio por miedo a nuestro juicio. A medida que crecen, los chicos van aprendiendo cada vez más a poner en práctica estratagemas para sentirse menos equivocados o inadaptados o imperfectos.

¿Cuál podría ser entonces la manera más eficaz para afrontar una situación de este tipo?

Después de que él nos lo haya contado todo, sería interesante probar a involucrarle. Una frase que utilizo en situaciones de emergencia es: «Ayúdame a comprender lo que está ocurriendo». ¿Quién mejor que nuestro hijo puede hacernos comprender el problema y ayudarnos a encontrar el modo de resolverlo?

Por supuesto nosotros, como educadores y progenitores, tenemos nuestros recursos, pero frente a un hijo que nos confiesa que ha dado un empujón a un compañero nos cuesta comprender de dónde viene un gesto de ese tipo, cuando en casa somos siempre respetuosos y no puede haber absorbido un ejemplo así.

Es por esto que solo ellos pueden guiarnos en la comprensión del malestar que ha generado ese comportamiento. Para un niño debe estar claro que con sus padres se puede sentir libre de hablarlo todo y hacer frente a cualquier emoción sin sentirse «equivocado». Ayudémosle a abrir de par en par la puerta y acojamos junto a él las emociones que lleguen.

¿Por qué empujó al compañero? ¿Le movió la rabia? ¿Y por qué sintió rabia, qué fue lo que la desencadenó? Aprendiendo a aceptar las emociones de nuestros hijos abriremos un canal preferencial de comunicación con ellos. Solo un niño que se siente escuchado y aceptado con sus fragilidades es capaz de emprender el camino del cambio.

Por supuesto, si ha levantado la mano a un compañero es un asunto grave desde cualquier punto de vista, pero estoy profundamente convencida de que la única manera de desmontar de raíz ese comportamiento es partir de la comprensión emocional. Si conseguimos evitar los dos extremos (justificarle por encima de todo o castigarle sin más) y, por el contrario, intentamos preguntarle: «¿Qué piensas de lo que ha ocurrido? ¿Cómo te has sentido? ¿Cómo crees que se ha sentido él?» le damos la posibilidad de poder afirmar (y de darse cuenta él mismo): «Me he sentido fatal, desilusionado, triste, disgustado».

Analizar juntos sus estados de ánimo es una manera de no dejarle solo a merced de emociones a las que a veces no sabe siquiera dar un nombre. Afrontar este reconocimiento es la base para que pueda seguir reflexionando sobre ello de manera positiva y cambiar de trayectoria de ahí en adelante.

Diferenciar la persona del acto llevado a cabo por ella nos permite remarcar que el error ha estado en su comportamiento, no en él, porque, si por el contrario asociamos siempre a nuestro hijo a algo que no funciona, diciéndole: «Has sido malo, prepotente», estamos metiendo al niño en una jaula, en un callejón sin salida del que no le resultará fácil salir.

Podemos y debemos desaprobar su comportamiento de manera firme y decidida, pero aprovechemos la ocasión para responsabilizarle apostando por su capacidad de reflexión y de poner remedio al saber cómo actuar. Démosle confianza: «¡Estoy segura de que mañana lo harás mejor!» le motivará para activar el cambio.

Sin demasiadas palabras o grandes explicaciones, nuestra actitud colaboradora y carente de prejuicios puede ayudar al niño a sentir que puede mejorar, y que siempre existe una salida: ¡aunque en esa ocasión su comportamiento ha sido negativo, él no lo es en absoluto!

El silencio es también un relato

Para un progenitor que quiera involucrarse a fondo en la discusión es fundamental tratar de sentir realmente aquello que el niño está experimentando, conseguir analizar bien lo que dice y también lo que comunica con el cuerpo. El lenguaje no verbal expresa mucho. Se pone rígido, cambia el tono de voz, repite un gesto de forma insistente, nos mira de un modo determinado o evita nuestra mirada: estas son actitudes que pueden decirnos mucho más que las palabras. Y recordemos que su silencio es también un relato.

Con mucha frecuencia, un rechazo categórico o lo que tendemos a encuadrar como capricho, son la manera de manifestar rabia, quizá porque hemos estado lejos más tiempo de lo habitual y ha sentido nuestra ausencia.

Conseguir descifrar aquello que está en la base del comportamiento del niño significa cambiar las suertes de la comunicación: en vez de dirigirla a la sensación de culpa («¿Este es el respeto que me tienes, con todo lo que yo hago por ti?») podemos abrir una puerta al diálogo. Intentar decir: «Te comprendo, estás enfadado porque hoy he estado fuera muchas horas, yo también te he echado de menos, ¿sabes?» significa reconocer su emoción y hacerle comprender que no está equivocado, permitiéndole salir del resentimiento. En ese punto todo cambia, no existe niño que no te eche los brazos al cuello y que quizá se emocione hasta el llanto, no es malo: dos lágrimas ayudan a dejar fluir la emoción y no se deben condenar en absoluto. Y así, mágicamente, las rabietas desaparecen.

No considero útil preguntar «¿Por qué lloras?», porque las emociones tienen siempre un buen motivo para expresarse. Nos corresponde a nosotros descifrar su significado: ocupémonos de su vivencia emocional, no nos quedemos en la superficie, si queremos conocerlo en profundidad.

Para reforzar los comportamientos que nuestro instinto y el amor por nuestro hijo ya nos impulsarían espontáneamente a hacer, las técnicas de la escucha activa pueden resultar una valiosa ayuda. Asentir mientras escuchamos refuerza su narración, así como nos ocurre a nosotros cuando en una difícil situación profesional vemos a un colega que con solo su mirada consigue transmitirnos ánimo y confianza.

Es también importantísimo pronunciar frases-invitación (por ejemplo: «Te escucho atentamente, ¿quieres contarme algo más?»), porque permite al niño contextualizar mejor lo que ha ocurrido y explicarnos lo sucedido en su interior. Estando a su lado de forma constructiva en las fases más críticas nos permitirá tejer una relación de confianza que nos posibilite estar presentes en el momento en que florecerán sus talentos artísticos o personales.

INSIDE OUT (DEL REVÉS)

Las verdaderas protagonistas de esta cinta de animación dirigida por Pete Docter son las emociones, en forma de pequeñas criaturas de colores que acompañan la vida de Riley, una niña de once años que deja su ciudad, el colegio y los amigos para trasladarse a San Francisco a causa del trabajo de su padre.

Gobernando las reacciones de Riley hay un cuartel general presidido por las cinco emociones principales: Alegría, Tristeza, Ira, Asco y Miedo, que se alternan en el panel de control para ayudarla a enfrentarse a su crecimiento y al delicado paso de la infancia a la pubertad.

En la historia de *Inside Out* todas las emociones, incluso las que habitualmente se tienen como negativas, como la ira y la tristeza, encuentran su justo sitio y se revelan capaces de producir momentos de reflexión.

En el trayecto de regreso del cine a casa con nuestra hija nos divertimos recordando algunas escenas de la película. La conversación con ella fue una magnífica ocasión para captar matices sobre los que reflexionar. Y pensar que antes de ir a ver la película nos habíamos preguntado: «¿La entenderá? ¿Será adecuada para su edad?».

Todas las emociones están bien representadas y contadas, pero la Tristeza me pareció extraordinaria. Al final se descubre que es funcional en la vida de todos nosotros. ¿Qué hay de malo entonces en admitir que «hoy estoy triste»? Alegría y tristeza viven aventuras increíbles y descubren que pueden coexistir.

> Aprecié mucho el momento en que los padres de Riley, al darse cuenta de que estaba viviendo un momento de tristeza, fueron a su encuentro acogiendo y compartiendo con ella esta emoción. La niña se siente aliviada, como ocurre siempre cuando un progenitor consigue establecer empatía con su hijo, escuchando y aceptando su fragilidad.
>
> Sentir, reconocer y aprender a gestionar todas las emociones, incluidas la ira y el miedo, es importantísimo para los niños, así como para los adultos, e *Inside Out* nos ayuda con delicadeza e ironía a llegar a un acuerdo con nuestras Islas de la Personalidad.
>
> Y entonces es lícito preguntarnos: «¿Cómo estoy en la Isla de la Amistad, de la Familia, de la Honestidad y de la Inmadurez?».
>
> Después de haber visto la película, incluso los padres más serios no podrán evitar encontrarse haciendo cosquillas a sus hijos, gritando burlas cariñosas, caminando a cuatro patas o escapando de ellos mientras canturrean «¡A que no me pillas!».

La fascinación genera talento

Si estos son los objetivos, el progenitor (o el educador) debe recurrir a la empatía para conseguir sintonizar con el niño y ser capaz de percibir sus emociones respecto a aquello que está haciendo y captar todos los matices, reconociendo cuando el niño manifiesta sentimientos que le llenan.

Como dice John Gottman en el libro *Criar a un niño emocionalmente inteligente*: «La consciencia emocional y la capacidad de gestionar los sentimientos es lo que determina el éxito y la felicidad en todos los campos de la existencia, incluidas las relaciones familiares. Para los padres, esta inteligencia emocional, como es ya definida por muchos, significa ser conscientes de las emociones de los hijos, ser capaces de empatizar con ellos, serenarles y guiarles».

Según Gottman, los cinco pasos de entrenamiento emocional con un niño son:

1.- tener conciencia de sus emociones;
2.- ver los momentos emocionales como oportunidades para mayor acercamiento y para facilitar la enseñanza;
3.- escucharlo con empatía y validar sus emociones;
4.- clasificar las emociones. Ayudarlo a encontrar palabras para definir las emociones que siente;
5.- poner límites a la vez que ayudarlo a resolver problemas.

En este contexto, es muy importante educar a los hijos en una escucha emocional y crear en la familia y en el ámbito escolar una educación que la tenga en cuenta: porque el talento se manifiesta cuando hay conciencia y escucha de las propias emociones.

El niño que conoce y está acostumbrado a canalizar y gestionar lo que siente de manera apropiada puede hacer que la emoción resulte fecunda, que genere creatividad.

Esta forma de «educación emocional» nos permite explorar el mundo junto a nuestros hijos, observarles y acompañarles mientras lo descubren, y dejarnos transportar por su encanto. Quién sabe si no guardará sorpresas también para nosotros. Todos podemos descubrir (o redescubrir) los propios talentos a lo largo de toda la vida.

He conocido niños que tenían muy claro desde pequeños cuál era su pasión y su talento y otros que sin embargo han encontrado su camino más auténtico solo al llegar a adultos: ¡no hay prisa! En cualquier caso, el encanto que nace de la espontaneidad y de las emociones se manifiesta igual en todas las edades.

Para reflexionar sobre cuál es la inclinación más fuerte que pueda impulsar los talentos de nuestros hijos, puede resultar útil plantearse algunas preguntas muy sencillas:

- ¿Cuál es la actividad que no interrumpiría nunca?
- ¿Qué es lo que le hace sentirse bien consigo mismo?
- ¿Qué es lo que le apetece hacer cuando ha acabado lo que debe hacer?
- ¿Qué es lo que ha hecho siempre a su manera, quizá de forma algo distinta a los demás?
- ¿Qué le sale bien, aparentemente sin esfuerzo?
- ¿Qué es lo que le provoca siempre curiosidad?

Como ya hemos dicho, cada niño es único y esconde dotes que deben salir a la luz. Pero no todos los niños saben que son especiales. Que lo sientan es algo que nos toca conseguir a los adultos.

Para poder conocer y explorar el propio talento es necesario que el individuo, ya desde pequeño, tenga autoestima y sobre todo una gran confianza en las propias potencialidades, más allá de los resultados. La confianza nos lleva a tener una buena consideración de nosotros mismos incluso cuando somos conscientes de nuestras fragilidades y nos enfrentamos a algo que no nos sale bien.

Si un niño cree en sí mismo, aunque no esté satisfecho con un dibujo que haya hecho, podrá decirse: «Bueno, este no me ha salido bien» y su autoestima no se verá mermada en absoluto.

Si por el contrario un niño tiene a sus espaldas a un adulto muy exigente y perfeccionista, cada pequeño contratiempo se puede convertir en un problema serio y difícil de afrontar: es esta una de las razones por las que a veces los niños piden abandonar una actividad, cuando a sus ojos (o ante los de quien está cerca) los resultados no satisfacen las expectativas.

He aquí por qué es fundamental que el adulto, tanto un progenitor como un educador, no se acerque al niño en actitud de juicio, sino que acoja su trabajo y la competencia con una forma de reconocimiento, valorando principalmente su dedicación y esfuerzo. Es preferible decir «Has hecho un trabajo excelente» a «Eres brillante», porque así le pasamos el concepto de que su hacer es muy diferente de su ser y el afecto que sentimos por él no tiene nada que ver con la expresión de ese talento o la calidad del resultado. Lo que los niños necesitan oír de nosotros es que les queremos, prescindiendo de las manifestaciones en las que logran expresarse en ese momento; también porque sabemos que es natural tener épocas más intensas y creativas y otras en las que parece que las energías estén en letargo.

Por tanto, reconocer el hecho de que nuestro hijo haya desarrollado muy bien (o muy mal) un ejercicio de cualquier tipo no debería asociar de ninguna manera el objeto de su hacer con su persona, y mucho menos con la relación existente con nosotros.

El talento ha de ser reconocido como una competencia, algo que llevamos dentro de nosotros y nos pertenece profundamente, pero que no representa todo aquello que somos. También en este sentido, cuanto más amplia sea la escucha que podamos dedicar a nuestro hijo, más se ampliará el terreno sobre el que él podrá sembrar todas las maravillosas e imprevisibles semillas de sus talentos.

4

El talento «emocional»

> «Cuando tenía cinco años, mi madre me decía siempre que la felicidad era lo más importante de la vida. Cuando empecé a ir al colegio, me preguntaron qué quería ser de mayor. Escribí que quería ser feliz. Me dijeron que no había comprendido la pregunta, y yo les respondí que ellos no habían comprendido la vida.»
>
> JOHN LENNON

¿Qué inteligencia tienes?

Si elegimos dar al talento un significado más profundo que el de la medalla que puede ganarse en una competición, podemos valernos de algunas herramientas muy valiosas que nos servirán para reflexionar sobre una manera diferente de entender la creatividad y la inteligencia.

En los primeros años de la década de los ochenta prevalecían criterios de valoración que hoy se consideran incompletos para evaluar la inteligencia de una persona en su globalidad. Por ejemplo, el famoso CI, el coeficiente intelectual, que valoraba numéricamente el desarrollo cognitivo de un individuo: un CI bajo a menudo podía condicionar la vida de una persona limitándole o negándole oportunidades.

En esta misma época, sin embargo, un joven estudioso norteamericano de nombre Howard Gardner introdujo una teoría totalmente innovadora según la cual la inteligencia no es solo una, monolítica, sino que existen diferentes tipos y en cada individuo puede prevalecer una, más de una o pueden combinarse entre ellas.

Las llamó «inteligencias múltiples» y en un primer momento diferenció siete. Desde siempre se considera importante que los niños cultiven la lógico-matemática, la lingüística y la musical, pero Gardner nos lleva a pensar que existe también una inteligencia espacial (la de quien, por ejemplo, lee planos sin dificultad) diferente a la cinestésica, típica de las personas con dotes para la danza o el deporte en general, porque tiene una fuerte conciencia y una gracia espontánea al mover su cuerpo en el espacio con armonía. Hay también una gran diferencia entre la inteligencia interpersonal, dirigida a la relación con los otros, y la intrapersonal, que por el contrario caracteriza a quien consigue estar plenamente en contacto con las propias emociones. A estas, Gardner añadió en un segundo momento la inteligencia naturalista y la filosófico-existencial. Si reflexionamos sobre ello, la lista podría seguir creciendo: hay un mundo de cosas que aprender en todas las edades y, en cada niño, así como en cada adulto, estas inteligencias están presentes en una combinación absolutamente única y en una evolución que cambia con el tiempo, gracias también a los estímulos que seamos capaces de ofrecerles.

> **LAS INTELIGENCIAS MÚLTIPLES**
>
> - Inteligencia lógico-matemática
> - Inteligencia lingüística
> - Inteligencia musical
> - Inteligencia espacial
> - Inteligencia cinestésica
> - Inteligencia interpersonal
> - Inteligencia intrapersonal
> - Inteligencia naturalista
> - Inteligencia filosófico-existencial

En 1995, doce años después de la publicación del libro donde Gardner exponía su teoría, el psicólogo americano Daniel Goleman habló de «inteligencia emocional» subrayando la importancia de conocer y reconocer las emociones que sentimos y sienten las personas de nuestro entorno: no solo para vivir mejor en conexión con los otros, sino también para hacer más positivos, constructivos y eficaces nuestros esfuerzos.

La inteligencia emocional nos enseña a estar atentos para considerar las capacidades de nuestros hijos tratando de ayudarles a vivir plenamente cada tipo de emoción, incluso aquellas negativas, para transformar poco a poco la agresividad en energía, la timidez en capacidad de observación, la prepotencia en fuerza, la distracción en creatividad, la resistencia al cambio en paciencia.

Naturalmente, en determinados talentos el ambiente condiciona muchísimo: por ejemplo, la capacidad de establecer empatía con los demás y escucharlos desarrollando la inteligencia emocional es una capacidad que el niño aprende ante todo en la familia, en las relaciones primarias (la relación conyugal, la relación entre hermanos, el ejemplo de los padres); seguidamente lo hace en los contextos de la primera socialización (escuela de infancia, enseñanza primaria, etcétera).

Puede haber niños poco brillantes según los estándares escolares, pero que, aunque tengan una actitud en apariencia reservada, poseen una gran inteligencia: esa inteligencia que no se mide fácilmente con los exámenes, pero que si afinamos la mirada se manifiesta siempre con formas nuevas.

Ocuparse del otro

A los niños hay que concederles espacio y proporcionarles apoyo para desarrollar la competencia más valiosa: la de comprender y manejar las emociones.

La habilidad de colocarse en el lugar del otro, de sentir aquello que siente y lograr intervenir en los momentos de apuro de un compañero o compañera, o bien la capacidad de mediar en conflictos, son competencias maravillosas.

> Ester, sin que nadie lo notara, era muy atenta con Valentina: con solo seis años había comprendido que para su compañera, el tener que vivir sin su madre, a la que había perdido prematuramente tras una enfermedad, era algo extremadamente doloroso. Ester no alejaba nunca la mirada de Valentina, aunque nadie le había pedido que lo hiciera y no era siquiera su mejor amiga. Pero Ester percibía todo su sufrimiento y se preocupaba por ella con gran discreción. El talento de saber ocuparse de Ester fue fundamental para Valentina.

Francesco, de tres años, con una mirada avispada y una aguda atención hacia el otro, tenía dentro de sí las herramientas para preocuparse y ocuparse de su hermano, que desde pequeño había manifestado fragilidad en varios aspectos.

La madre recuerda con emoción y orgullo que él era el único que conseguía calmarle en momentos de crisis.

Estaría muy bien que aprender a sentir las emociones ajenas fuera una prioridad en la educación de todos los niños; una educación en la cortesía, en el respeto del otro, en la aceptación incondicional. Todas estas cualidades son parte integrante del talento y son aspectos sobre los que sería verdaderamente importante invertir tiempo.

Mi experiencia como madre y educadora me lleva a decir que este aspecto ha de ser cultivado en cada individuo y si se comienza a hacerlo desde pequeños es muy probable que lleguen a ser adultos capaces de comprender al otro con mayor conciencia.

Alimento el formidable sueño de que la educación emocional sea una asignatura escolar. Hoy tendemos todos a estar muy concentrados en las habilidades de carácter disciplinar y en que nuestros jóvenes almacenen el mayor número de nociones que puedan, pero es importante recordar que la escuela puede participar, junto a la familia, en proporcionar las competencias educativas fundamentales, como la empatía, la escucha, la amabilidad, las emociones: son estas competencias las que harán verdaderamente grandes a nuestros niños.

Recordemos, sin embargo, que la escuela no es el único lugar donde el niño se nutre del aprendizaje de determinados comportamientos. La primera agencia educativa es, y así debe ser, el hogar: es allí justamente donde el niño aprende cómo comportarse o lo hace sobre la base de los modelos que asimila en el núcleo familiar. A veces, para educarles en la amabilidad basta ser simplemente amables con ellos. Y es así en todos los ámbitos: si los adultos en primer lugar cambiamos nuestra manera de colocarnos en relación a ellos podemos hacer grandes revoluciones.

La educación en la empatía es muy valiosa a todos los niveles porque nos permite escuchar al otro de manera eficaz, entrar en comunicación positiva y saber cómo dialogar. Aprender a ponerse en el lugar del otro percibiendo pensamientos y emociones ayuda a entrar en sintonía con la persona que está frente a nosotros. Si yo escucho atentamente, si tengo la capacidad de sentir aquello que experimenta mi interlocutor soy también capaz de responderle adecuadamente y de la forma más apropiada: durante una discusión de cualquier tipo conseguir utilizar la propia competencia emocional marca la diferencia.

Entre otras cosas, los niños tienen mucha más capacidad de escucha que el adulto: este tiene siempre mil preocupaciones en la cabeza, a menudo está ya muy orientado en sus opiniones y la experiencia le ha condicionado de tal manera que ha comenzado a levantar barreras que mantienen la distancia con el otro. En los pequeños no existen todavía estas corazas. Cuántas veces nos sorprenden nuestros hijos cuando vienen a preguntarnos: «¿Cómo estás?» o «¿Por qué estás hoy tan enfadado?».

Una pregunta de ese tipo es la chispa que, si se alimenta, puede transformarse en una gran llama. Está claro que los niños que son escuchados, aquellos que tienen a su lado la figura de un adulto capaz de ponerse en su lugar, son más propensos a la empatía: por tanto, todo parte siempre de nosotros, padres o profesores.

Cristina tiene tres años: cuando vio a un niño llorando en el parque porque alguien le había quitado el juguete que tenía en su mano, se acercó a él y le abrazó para consolarle. Luego le miró y simplemente le preguntó: «¿Estás triste?».

Cuantas veces, frente a una escena de este tipo, hemos tenido como primera reacción la de preguntar: «¿Por qué lloras?».

En vez de dar importancia a la emoción que el niño está manifestando, muy a menudo surge espontáneamente el tratar de comprender el problema, afanarnos en buscar una solución, cuando bastaría un abrazo para hablar al corazón: «Reconozco tu dolor, sé que estás triste porque te han quitado tu juguete, pero yo estoy aquí, contigo».

El sencillo gesto de Cristina fue la enésima ocasión que me hizo pensar que los adultos tenemos que aprender de los niños.

Para promover la empatía en lo cotidiano ayudemos a los niños a dar valor a las emociones propias y ajenas. He aquí algunas frases que pueden servirnos de ayuda: «¿Cómo se habrá sentido tu amigo cuando se burlaban de él?», «¿Qué emociones habrá experimentado?», «Tú, ¿cómo te has sentido?», «¿Cómo crees que puedes ayudarle?». Frente a situaciones de este tipo, es importante que nuestros hijos no sean espectadores pasivos de ciertos episodios, sino que aprendan enseguida a señalar, ayudando al amigo con dificultades, en aquello que ven peligroso o incorrecto.

«¿Qué crees que sintió tu amiga al encontrarse en casa un amiguito peludo de cuatro patas?», «¿Qué sientes hacia ella?». Esto ayuda a hacer que los niños se alegren con los momentos felices de los otros.

La escucha empática está en un espacio casi mágico entre el silencio y las palabras, porque «El mundo interior se puede vivir, no describir», como dijo Franz Kafka. Quien quiera ponerse a la escucha debe ir directo al corazón de la emoción que el otro está viviendo, justamente como hizo la pequeña Cristina.

LA BELLEZA DE LA DIVERSIDAD

«Los niños normales no hacen que otros niños huyan del parque.» Así comienza *Wonder*, película protagonizada por Julia Roberts y Owen Wilson, basada en la novela de R.J. Palacio.

El protagonista es Auggie, un niño afectado por una patología ósea que tiene el rostro deformado y resulta espantoso a los ojos de los demás. Por esta razón y por haberse tenido que someter a numerosas intervenciones quirúrgicas, Auggie no había ido nunca al colegio hasta los once años: la película narra justamente las aventuras (y sobre todo desventuras) que correrá en su primer año de contacto con las dinámicas escolares.

Muchas de las figuras que rodean a Auggie revelarán aspectos inesperados, y no será fácil para él descubrir quién es amigo de verdad. Su evidente diversidad física desencadenará en muchos de sus compañeros el instinto de ofenderle y marginarle, mientras que alguno conseguirá ver más allá de su aspecto y gozar de su simpatía, de su inteligencia y de su sentido del humor.

Auggie, un niño de fuerza silenciosa que consigue conmover el corazón de la mayoría de sus compañeros, puede convertirse en un valioso aliado para educar a nuestros niños en la empatía, en el respeto del otro y en el relato de aquello que viven en el colegio y de cuáles han sido sus emociones.

Porque la víctima del acoso o el espectador pasivo podría ser nuestro hijo. Es verdaderamente importante comenzar, de forma preventiva, a afrontar el problema en casa y *Wonder* podría ser una gran ocasión de diálogo.

> La familia y la escuela pueden hacer mucho para enseñar a los niños el valor de la unicidad: también esta es una clave fundamental para cultivar y proteger los talentos de los niños y su libertad de manifestarlos sin temor.

Una historia para explorar las emociones

Escuchar a los demás con empatía ayuda a los niños a profundizar en el conocimiento de las emociones. Para ayudar a nuestros hijos a explorar y a aprender el arte de la identificación, los cuentos son un excelente aliado educativo.

El profesor Giovanni Bollea una de las figuras más célebres que ha tenido Italia, neuropsiquiatra infantil que dedicó todo su trabajo a elaborar una pedagogía basada en el amor, en la escucha y en el ejemplo en relación a los niños y adolescentes, afirma que no hay nada más erróneo que el temor de muchos padres a exponer a sus hijos a la violencia representada en los cuentos, sobre todo en los clásicos. Según el profesor, es justamente la carga de sentimientos intensos de la trama lo que es capaz de activar aquello que permitirá al niño reelaborar y dejar emerger sus vivencias personales más profundas y delicadas.

Escuchar la historia de otro o ver una película puede evocar sentimientos muy fuertes en nuestro interior, que pueden incluso llevarnos al llanto, pero que tienen un efecto positivo y beneficioso, porque nos ayudan a manifestar emociones que normalmente permanecerían bloqueadas o no expresadas.

Alba Marcoli ha escrito unas páginas maravillosas sobre cómo los cuentos pueden ayudarnos a sacar a la luz las emociones de los niños, en sus libros *Il bambino nascosto (El niño escondido), Il bambino arrabbiato (El niño enfadado), Il bambino perduto e ritrovato (El niño perdido y reencontrado), Il bambino lasciato solo (El niño abandonado)*.

Lo más interesante es que los protagonistas de sus textos son tanto «el niño escondido» que está detrás de ciertos comportamientos infantiles, como el que nosotros, los adultos, guardamos en secreto en nuestra alma y cuyos miedos, a menudo sin querer, proyectamos en nuestros hijos. Leer juntos los cuentos se convierte en un vehículo formidable para poder dar una reelaboración fantástica a estos miedos y en general a las imágenes y a las preguntas más cruciales que asaltan el corazón de los niños en sus fases de crecimiento: el abandono de la infancia, la nostalgia, la pérdida, la traición, el miedo.

Gino Aldi, en su libro *Educare con le fiabe. Come sviluppare l'intelligenza emotiva nei figli (Educar con fábulas. Cómo desarrollar la inteligencia emocional en los hijos)*, dice que «al escuchar los cuentos, el niño se familiariza con la normalidad de las pulsiones de los sentimientos fuertes, pero entre él y esa violencia coloca un filtro tranquilizador. El pequeño oyente podrá sentirse impávido, deseoso de vencer al ogro como Pulgarcito, o bien podrá sentirse asustado como sus hermanos, podrá sentir envidia como la bruja de Blancanieves, pero tendrá siempre la seguridad de que estas experiencias tienen un comienzo y un final y están apartadas en un lugar abstracto, suspendido y sin tiempo, lejos de la cotidianeidad».

A través de este instrumento, el niño podrá explorar a nivel de símbolos incluso sus tendencias más negativas, mirar a la cara al «monstruo» como Caperucita Roja mira al lobo, sabiendo que habrá una solución y una redención a cualquier problema que se encontrará, sin tener que alterar la realidad en sus aspectos menos agradables.

En el mundo de las fábulas no existe el juicio, todo es posible y se consiguen encontrar figuras de todo tipo, cada una con su función y su papel.

CÓMO ACERCAR LA LECTURA A LOS NIÑOS

Leer ofrece oportunidades muy importantes y debe convertirse en una especie de juego. Leer un cuento junto a nuestro hijo proporciona oportunidades valiosísimas para alimentar la relación, para conocer sus emociones y para ayudarle a afrontar los desafíos de la cotidianeidad.

Con sencillas preguntas como: «Si tú hubieras sido el protagonista, ¿cómo te habrías comportado?»; «¿Has visto cuántas veces se burlaban de este niño? ¿Cariño, a ti te ha ocurrido alguna vez?» le ayudaremos a hacer emerger emociones y deseos, también quizá a partir de la historia de un compañero o de un amigo.

He aquí cómo, en ese momento, abren los ojos de par en par y todo se convierte en aprendizaje. Para ellos, como para nosotros los padres. Llenemos nuestra vida por tanto de lectura. Los niños se aficionan a ella cuando la viven con alegría, despreocupación, curiosidad. No siempre se consigue con el primer libro, es necesario tiempo y dedicación.

Algunas sugerencias:

- demos un buen ejemplo: seamos nosotros los primeros en leer;

- tengamos libros por todas partes: hagámoslos objetos familiares;
- estimulemos su curiosidad llevando a nuestros hijos desde pequeños a librerías o bibliotecas;
- asociemos la lectura a momentos de serenidad, sin obligaciones ni imposiciones;
- durante la lectura, hagamos nacer en ellos el deseo de avanzar en la historia: la curiosidad es vital para profundizar;
- alimentemos el momento de la lectura con experiencias emocionales significativas: por ejemplo, acompañemos el inicio de una historia con una caricia, un beso, un abrazo.

5

El juego es una cosa seria

> «Educa a los niños con juego, así conseguirás descubrir mejor su inclinación natural.»
>
> PLATÓN

No solo notas

Si preguntamos a un niño o a un adolescente: «¿Cuál es tu talento?», él, nueve veces de cada diez, lo pensará largamente y al final se declarará apenado de no tener siquiera uno. Sí, porque todo el mundo piensa en el talento como un don que solo tienen unos pocos. Es un poco como si le preguntáramos: «¿Qué superpoderes tienes?» y él, desconsolado, nos respondiera: «¡Ninguno!».

Si por el contrario le preguntamos qué «se le da mejor», su respuesta podría llevarle a contarnos que es más competente en las asignaturas humanísticas o en las científicas. En cualquier caso, se referiría a disciplinas o actividades que se desarrollan en clase; esto sucede porque a menudo los niños y jóvenes están acostumbrados a reconocer sus propios valores solo sobre la base de aquello que es cuantificable, justo como ocurre con las notas.

Pero las notas, lo sabemos, no dicen lo que son nuestros hijos. Y la historia da muchos ejemplos: Albert Einstein, premio Nobel de física en 1921 y artífice de la teoría de la relatividad, tuvo dificultades de aprendizaje y superó el examen de ingreso en la universidad de Zúrich solo en el segundo intento; Thomas Edison, científico e inventor de la bombilla, fue expulsado del colegio a los doce años porque tenía importantes lagunas en matemáticas y no conseguía permanecer concentrado durante mucho tiempo.

La calificación no es siempre una connotación verdadera de una capacidad lógica o humanística, también porque los intereses cambian en base a los estímulos que se reciben en el ambiente que nos rodea y en el transcurso del tiempo: por ejemplo, puede ocurrir que a un niño en la escuela primaria no le guste nada leer y llegue casi a manifestar aversión a la lectura, sin embargo, no puede decirse en absoluto que su talento no pueda manifestarse en esa dirección.

A esa edad, el interés por la lectura depende de muchísimos factores: quizá no ha sido suficientemente estimulado, o la lectura se ha asociado a alguna experiencia negativa, o bien ha tenido demasiada presión para que leyera. El encauzamiento hacia una actividad no debería conllevar obligación, chantaje, castigo: si el momento de la lectura es visto como una especie de imposición se podría obtener el efecto opuesto al deseado. Es sin embargo importante ayudarle y alentarle para que se esfuerce en las actividades escolares, porque en nuestra sociedad es el camino principal para acceder al conocimiento y a la formación de las nuevas generaciones.

Por tanto, es absolutamente correcto decir a un hijo «tú no

eres una nota», pero es igualmente importante alentarle para que se esfuerce en todo lo que hace en la escuela, porque las experiencias, las actividades, las relaciones vividas allí son determinantes para su desarrollo.

Caterina, una profesora de lengua y literatura, no podía creer que Rosa, su hija, estuviera tan poco interesada en los libros. La llevaba consigo a todas las reuniones de lectura que se organizaban en su barrio, pero la niña no manifestaba la pasión que la madre hubiera deseado. Para Caterina era inconcebible que a su hija no le gustara leer, así como para Rosa era inconcebible que su madre no comprendiera cuánto le hubiera gustado hacer kárate.

Caterina pensaba que el deporte es importante, de hecho había inscrito a Rosa en un curso de natación, pero consideraba que el kárate era demasiado esfuerzo para su hija, y además preveía una dura competición que a ella de pequeña nunca le gustó.

Pero un niño sufre mucho cuando siente que sus necesidades y sus deseos no parecen merecedores de una escucha atenta: lo más importante para él no es que se satisfagan, sino que al menos sean tomados en consideración.

Sabemos bien que en la vida todo cambia, y esto vale también para los intereses y las pasiones, pero si un hijo manifiesta un fuerte deseo, los padres debemos ser capaces de detenernos y, cuando menos, intentar escucharle y aceptarle. Decir a un hijo: «Siento que esta experiencia puede ser importante para ti» es el mayor regalo que podemos hacerle, más grande aún que concederle la experiencia en sí.

Sintonicémonos sin interferir

Si les preguntamos «en qué son buenos», la respuesta tarda en llegar, pero hay un ámbito en el que los niños no tienen dudas y responden sin titubeos. No les cuesta ningún trabajo enumerar sus juegos preferidos porque es ahí donde consiguen expresarse mejor, y es justamente en el juego, sin siquiera darse cuenta, donde expresan todas sus habilidades.

Si elegimos trabajar para que nuestro hijo tenga el espacio necesario para convertirse en aquello que es, en este recorrido, el juego desempeña un papel crucial.

A los niños les basta jugar para que su yo más íntimo hable al instante y se liberen sus talentos. Cuando conseguimos quitarnos el peso de las interferencias con las que nos acercamos a ellos, entraremos en su contexto con mucha más delicadeza y dejaremos que su talento pueda prorrumpir de forma espontánea, como una vocación: al principio no se manifestará de una forma bien definida, sino como una explosión de gran energía.

Sería magnífico, en el círculo de padres que hablan sobre las habilidades y actividades de los respectivos hijos, oír por una vez a uno de ellos que, ante la pregunta: «¿En qué es bueno tu hijo?» respondiera sencillamente: «Mi hijo es muy bueno jugando».

Volvamos a dar al juego el valor que merece.

Lo bello de algo feo

Muchas veces la fantasía en estado puro, cuando se desencadena, puede en un primer momento producir algún tipo de resultado no muy bello a los ojos de los demás, pero no por eso hay que bloquearla o censurarla.

Hace unos días me quedé fascinada mirando a mi hija, que

estaba muy atareada con varias cosas que encontró en la cocina: cogió un tapón y decidió transformarlo en un personaje.

La observaba mientras estaba inmersa en su proyecto. Vamos a ver, ¿cómo podía hacer los brazos? Creo que voy a intentarlo con palillos de dientes. Voy a buscarlos. ¿Y el vestido? Así no me sale, tengo que encontrar otra solución. ¡Ah! Y tengo que ponerle nombre. Si tiene nombre me puedo inventar una historia.

Cuando terminó su obra, antes incluso de preguntarnos a su padre y a mí qué nos parecía, leí en su cara satisfacción, porque es justamente en la realización de un proyecto donde nace la confianza en uno mismo.

Habitualmente pensamos en la creatividad como algo de lo que se obtenga un cierto tipo de resultado, miramos sobre todo el objetivo, pero a veces la invención en sí no produce nada especial: es solo un ejercicio de manualidades (o de movimiento, o de música…) para tratar de realizar aquello que se tiene en mente. Dar rienda suelta a la imaginación a menudo significa deshacer sin ningún problema o remordimiento lo que se acaba de crear para dedicarse a inventar algo nuevo: crear es la capacidad de transformar las cosas, de mirar con otros ojos, es la magia de ver el personaje de una historia que tú mismo has inventado donde cualquier persona vería solo dos tapones y cuatro palillos de dientes.

Giorgio se refugia en el despacho donde su mujer, Antonella, está trabajando. Está desesperado y se deja caer en el sillón frente a ella, negando con la cabeza, desconsolado:

—¡No puedo más!

—¿Qué ha pasado? ¿No estabas jugando con Tommaso en su habitación?

—¡Claro! Pero, recuerdas el coche teledirigido que le regalé ayer, ¿verdad? ¡El que me pidió él! Bueno, pues lo ha desguazado en mil piezas, para luego poder reconstruirlo. Exactamente como hizo el otro día, como hace siempre. Además, cuando le he regañado, se ha enfadado, ¡porque dice que no le dejo jugar! Pero ¿qué quiere? ¡Primero los quiere y luego los rompe todos! Yo no le compro ya ni uno más, si cada vez que le traigo un coche a casa acaba destrozándolo.

Antonella, por respeto a la frustración que está sintiendo su marido, evita sonreír como haría de forma espontánea y se limita a señalar que quizá lo que verdaderamente mueve al niño es la curiosidad, desea ver todas las piezas que hay dentro de sus cochecitos para entender cómo funcionan y luego intentar recomponerlos a su manera.

—Quizá ese sea justamente su modo de jugar, ¿no? ¿No te parece que esa necesidad suya de desmontar corresponde más a una curiosidad que a un deseo de romper?

Estoy totalmente de acuerdo con Antonella: una actitud de ese tipo denota en mi opinión una enorme creatividad y la necesidad de actuar en profundidad. Este es el carácter del niño y su modo de explorar, metiendo literalmente las manos dentro de los juguetes. Los padres muchas veces no sabemos bien cómo comportarnos frente a esas manifestaciones que se alejan de la llamada «normalidad» ¡y corren así el riesgo de perderse lo mejor! En el fondo, Tommaso no tiraba el cochecito al suelo para romperlo y nada más, sino que lo abría para ver cómo estaba hecho por dentro, y entre otras cosas su juego se concluía siempre con el intento de volver a ensamblar sus piezas.

Mientras que nosotros, en primer lugar, no aprendamos a ver la profunda diferencia entre estar concentrados en sentirnos bien al pedir a nuestro hijo algo brillante y captar y respetar su esencia, correremos el riesgo de destruir todo aquello que los hijos nos dan como fruto de su talento y de su creatividad.

Abrir de par en par las puertas de los sueños

Dejar que el niño experimente sus emociones y sus habilidades a través del juego significa también permitirle que abra las puertas a los sueños sin reservas. Aprendamos a conocer a nuestros hijos a través de los juegos que hacen cuando son libres de verdad y les serenan cuando están cansados. Sin embargo, debemos asegurarnos de que los sueños del niño sean realmente los suyos, y no un reflejo de los del adulto.

A menudo, es como si los padres tuviéramos miedo de los sueños de nuestros hijos, de los vuelos que consiguen hacer con la fantasía.

Nos sentimos casi obligados a dar siempre una connotación de utilidad y proyección a todas sus ocupaciones, pero creo que la actitud más oportuna para un adulto debería ser la de ayudar a los niños a conocer la belleza y la capacidad de volar que se puede encontrar al aventurarse en nuevas y diferentes actividades a experimentar. ¡Aprendamos a dejarlos libres para soñar!

Nuestro auténtico objetivo en este viaje por la valorización de los talentos de nuestros hijos es conseguir hacer de ellos individuos serenos y satisfechos de sí mismos, capaces de encontrar su propio camino y de perseguir sus sueños. Si sé que mi hija está haciendo algo a lo que se entrega con gusto y le hace sentir feliz, me siento totalmente satisfecha, ya que, esto podrá solo beneficiarla, reforzarla y convertirla en una persona satisfecha y en armonía consigo misma.

Bruno Bettelheim, en el libro *Psicoanálisis de los cuentos de hadas*, nos recuerda la importancia de cultivar la fascinación en nuestros hijos, dejando que explolen el mundo y la gran variedad de las emociones a través de los cuentos y los juegos: «La tarea más importante y a la vez más difícil para quien educa a un niño es la de ayudarle a encontrar un significado a la vida».

Sin embargo, muchas veces, ya desde el momento en el que los niños llegan a la escuela primaria empiezan a perder la fascinación, porque tendemos a canalizarles por un recorrido estandarizado y no nos damos cuenta de que les impulsamos a convertirse en aquello en que nosotros esperamos que se conviertan. Sigo creyendo en una educación libre de preconceptos, esquemas, rigideces, una educación que preste atención y respeto a aquello que es el niño en verdad: quien coge en sus manos sus propios sueños, quien persigue su talento respondiendo a las propias necesidades, a las pasiones más auténticas, no pierde nunca la fascinación. En este sentido, considero que una historia que puede enseñar mucho es la de *Billy Elliot*.

BILLY ELLIOT

Billy Elliot es una película de Stephen Daldry, del año 2000, que narra una historia ligada al talento de un hijo y a la dificultad de un padre para reconocerlo y apoyarlo. Crecido en una familia y en una comunidad inglesa de mineros, Billy es empujado por su padre, Jackie, a entrar en el mundo del boxeo, que no le gusta en absoluto. Pero, justamente en ese gimnasio en el que entra muy a su pesar, un día descubre su verdadera pasión: la danza.

El niño empieza a recibir, a escondidas, clases de un profesor que reconoce su enorme talento como bailarín.

Pero no será fácil para Billy conseguir que su padre y su hermano acepten una actividad que ellos consideran propia de «niñitas» y de la que le imponen que se aparte. Serán necesarios muchos sucesos para que Jackie cambie de idea: será decisivo para él ver a su hijo bailando. Al ver con sus ojos el talento del hijo expresándose con plena felicidad, el padre se convertirá al fin en su aliado y será precisamente él el que le acompañará a la audición en la escuela de danza que podría cambiarle la vida.

Desgraciadamente, la exhibición frente al jurado no es satisfactoria, pero las palabras que pronuncia para explicar lo que siente al bailar hacen que las cosas cambien completamente: «Al principio estoy ahí, totalmente rígido, pero una vez que empiezo a bailar me olvido de todo, es como si yo mismo desapareciera. Siento que todo mi cuerpo cambia y es como si dentro tuviera fuego, como si volara. Soy un pájaro, soy electricidad».

En la escena final, el telón se levanta para mostrar a Billy que, ya adulto, es el protagonista de *El lago de los cisnes*. El sueño de ese niño se hace realidad en un gran salto en el centro del escenario: en la gracia de un bailarín que ha conseguido llevar adelante su sueño y su talento de una manera brillante. Tanto como para dejar boquiabiertos y conmovidos a su padre y a su hermano, como nos ocurre también a nosotros cuando vemos a nuestros hijos resplandecientes de alegría y belleza al dedicarse a la actividad que quieren.

Sacar al niño que todos llevamos dentro

Para los niños es importante tener un lugar donde dar salida a su propia creatividad. Mi hermano y yo, cuando éramos pequeños, tuvimos la suerte de tener una madre preocupada por este aspecto que nos destinó una habitación de juegos donde podíamos hacer lo que quisiéramos: escribir en las paredes, sacar todos los juguetes y dejarlos por ahí hasta la noche y pintar donde nos apeteciera.

Esta libertad de acción que yo respiré desde pequeña fue verdaderamente importante y todavía hoy, ya madre, reencontrar mi dimensión de niña me ayuda mucho a relacionarme con mi hija, ¡sobre todo cuando me doy cuenta del estado en que está su habitación después de una tarde de juegos desenfrenada!

Recordar la propia infancia es un consejo que me permito dar a los padres. Si el niño salta en un charco ensuciándose de los pies a la cabeza en el momento menos oportuno, en un primer momento todos querríamos gritar: «¡Nooo! ¡Mira qué desastre!». Es difícil verlo como un momento de experimentación vital; pero, si volvemos a nuestra infancia por un instante, la perspectiva cambia completamente: en su lugar, ¿no nos parecerá un juego estupendo? ¿No sería un descubrimiento increíble?

Sin embargo, no podemos dar permiso a nuestros hijos para que hagan siempre y en cualquier lugar lo que quieran. Es importante concederles espacios de libertad creativa, pero haciéndoles comprender la diferencia con otras situaciones en las que es justo seguir directrices más rígidas. La ausencia de reglas desorienta: los niños necesitan tener límites y fronteras para saber dónde ir y cómo moverse.

En casa deben existir reglas que los niños, al igual que los adultos, han de respetar, pero podría ser una magnífica idea marcar en su habitación, o en otra, un espacio creativo donde puedan ser completamente libres de hacer y experimentar: cada familia sabe cuál puede ser el rinconcito o el momento adecuados.

En la vida cotidiana, donde los padres regresan tarde a casa tras una jornada de trabajo, no es siempre fácil encontrar energía para hacer todo aquello que nos gustaría con nuestros hijos. Sin embargo, hay una cosa irrenunciable y que nos proporciona una bocanada de oxígeno: ponernos a jugar. Sentarnos con ellos en el sueño de su habitación es una oportunidad de creatividad importante también para nosotros, porque en los días de intensa ocupación a menudo corremos el riesgo de perder la dimensión más ligera y despreocupada. Quizá durante los periodos de vacaciones conseguimos tener tiempo para divertirnos más con ellos, pero luego volvemos al día a día y nos olvidamos de lo importante que es conseguir esos momentos de ocio, que, además de ser importantes para reforzar la relación con los niños, son un verdadero bálsamo para nuestra mente.

Además, en el juego los niños nos ven con distinta mirada: nos hacemos más accesibles, porque a menudo el riesgo es ser demasiado perfectos… ¡al menos en apariencia!

Yo misma, como madre, he aprendido a aceptar mis errores y mis fragilidades. Así, una equivocación mía es la ocasión para reflexionar juntas sobre el hecho de que todo el mundo comete errores, que nadie es perfecto, y también la ocasión para tomarnos un poco el pelo: «¡Vaya mamá, qué patosa eres!». Me gusta mucho la idea de ser accesible a mi hija, que ella reconozca mi autoridad y mi capacidad de protegerla sin tenerme que ligar por fuerza a una imagen de perfección.

Para mí, es justo que ella sepa que hay cosas que me gusta hacer bien, pero que en otras muchas ella es mejor que yo: ahí podemos invertir los roles. ¡Qué bonito es dejar que a veces sean los niños los que nos guíen!

Libres para jugar y experimentar

El juego es, por encima de todo, la mejor manera para nutrir y hacer emerger el talento de nuestros hijos, al ser un espacio donde el niño experimenta. Debe ser, sin embargo, un juego libre, no confeccionado o estructurado por los adultos, un momento en el que pueda manifestar sus inclinaciones, sus deseos y sus sueños. Por esto el juego es algo maravilloso y extraordinario, porque no está nuestra interferencia; en todas las demás actividades es el progenitor el que decide, el que elige, el que impulsa; pero aquí no, el niño está en su dimensión de descubrimiento y expresividad.

El niño que juega prueba y vuelve a probar, trata de crear algo, y lo hace hasta que consigue obtener exactamente lo que tenía en mente: el talento necesita su tiempo para hacer que la chispa que sale de dentro se estructure y se convierta, también para nosotros, en algo claro, luminoso.

> A Lucio le gustaba jugar con muñecas y a menudo sus compañeros le tomaban el pelo. Sin embargo, él no se dejó influir por sus prejuicios: nada le daba más satisfacción que vestir y peinar a las muñecas. Los padres le alentaron siempre a expresarse eligiendo libremente sus juegos. Hoy es violinista y un hombre feliz.

Dejar al niño libre de actuar sin condicionamientos y sin forzarle, dirigiéndole al descubrimiento y a la llamada «experimentación autónoma lúdica», muchas veces significa concederle un espacio que para él no siempre será fácil de llenar, sobre todo al comienzo. De hecho, puede suceder que las primeras cinco o seis veces el niño vaya a los padres y diga: «¡Me aburro!». ¡Pero nosotros no debemos ceder! No le propongamos un juego ya preparado, probemos por el contrario a estimularle rebatiendo simplemente una frase-aliento del tipo: «Estoy seguro de que encontrarás algo interesante que hacer, porque eres un niño con grandes capacidades».

Podemos sugerirle que piense en cosas que le divirtieron en ocasiones pasadas, ayudándole sin imponernos; subrayando quizá el hecho de que para jugar se parte de cosas muy sencillas. El niño coge un folio blanco, lo comprime y esa pelotita se transforma en un millón de cosas: un balón de fútbol, un planeta, la cara de un personaje; luego coge un palito y lo transforma en una varita mágica. Todo esto es una experiencia muy importante y valiosa para el niño, porque el juego da siempre la posibilidad de crear, de transformar las cosas.

Por tanto, espacio libre para el juego, donde el niño sienta también toda su gama emocional: el placer de inventar, la frustración de no llegar a hacer una cosa como le gustaría, el miedo de no estar incluido en un grupo de compañeros, la rabia por perder.

El juego prepara a nuestros hijos para la vida ¡y muchas veces esto no nos entra en la cabeza a los adultos! Muchas veces decimos: «¡Ahora deja ya de jugar y ponte a hacer algo serio!». Pero ¿qué es más serio que el juego, donde se experimentan pasiones, intereses y habilidades de forma libre y espontánea?

10 CONSEJOS PARA USAR BIEN LA TECNOLOGÍA

Internet y las modernas tecnologías han transformado nuestro modo de entender el trabajo, la comunicación, el conocimiento, las relaciones. Hoy, saberlas utilizar de forma consciente y eficaz puede marcar la diferencia. No podemos negar que la tecnología forma parte de nuestra vida cotidiana y los niños tienen una familiaridad y una destreza al utilizarla que debemos considerar como un recurso muy valioso. Es importante sin embargo que les expliquemos que hay potencialidades enormes (veámoslas junto a ellos), pero a la vez peligros y amenazas ocultas (démosles ejemplos concretos).

A través de internet nuestros hijos pueden acceder a contenidos capaces de estimular su conocimiento y hacerles reflexionar, valorizando de mil maneras sus talentos. Demos por tanto la bienvenida a las nuevas tecnologías, pero introduciendo reglas muy claras, que tengan como punto de partida la transparencia y el acuerdo.

Son infinitas las precauciones que un progenitor o un educador pueden tomar, en base a su contexto y a los niños de los que se ocupa. Pero comencemos, por el momento, a reflexionar sobre estos diez puntos:

1. Hay un tiempo para todo: establecer unas reglas concretas, que dejen bien clara la forma y los tiempos en los que está permitido navegar por internet.
2. Navegar a la vista: no les dejemos solos, hagamos lo posible para ver la pantalla.
3. Un sillón para dos: sentarse junto a los niños, para orientar sobre aquello que es más oportuno buscar y ver en internet. Valorar y compartir concretamente qué páginas pueden visitarse y cuáles no.
4. Profundizar: hablar con los niños de la tecnología y responder a todas sus preguntas y curiosidades. Internet

puede convertirse en una ocasión importante de discusión entre distintas generaciones.

5. Estar al día: proteger el ordenador, contemplar el uso de filtros en los contenidos y actualizar constantemente los programas.
6. Modalidad salvapantallas: utilizar todos los sistemas de protección que van surgiendo día a día para inhibir el acceso a páginas no adecuadas para niños y adolescentes.
7. Entrada del verbo hacer: navegar no debe quitar espacio a la acción. Es importante asegurarse de que estar frente a la pantalla no quite demasiado tiempo al dibujo, a un instrumento y a las actividades manuales: nuestros hijos necesitan «hacer».
8. Espacio para las emociones: tengamos siempre entrenada nuestra mirada hacia sus emociones. Estimular a nuestros hijos a preguntarnos si algo les turba les ayudará (y a nosotros también) a poderse aventurar sin peligro en el océano de internet. Es importante comunicar a los niños que deben siempre señalarnos los contenidos poco claros o inoportunos que pudieran encontrar. Acostumbrémonos a preguntar y a contarnos las cosas.
9. Espacio reservado y respetuoso: proteger nuestra identidad y la de nuestros hijos, incluso utilizando contraseñas seguras para la red de la casa.
10. Cortesía: recordemos que es importante utilizar y promocionar una buena educación también en la red.

El poder mágico del aburrimiento

Como hemos ya mencionado, inicialmente el niño vive el espacio vacío como un momento de aburrimiento y cansancio, también porque a menudo para él es algo nuevo, que nunca ha experimentado. Bombardeamos continuamente a los niños con estímulos y luego nos sorprendemos cuando entran en crisis en los momentos vacíos.

¿Cómo deberíamos comportarnos en estas situaciones?

Siguiendo el primer impulso espontáneo, iríamos enseguida a ayudar al niño: «No te preocupes, ¡ya me encargo yo! Ya verás como se nos ocurre algo divertido», pero no siempre es necesario, más aún, es útil dejar que viva ese momento a su manera, en vez de asumirlo con él.

Para el niño, aprender a gestionar esos espacios es una oportunidad importante para conocerse, al escuchar sus emociones. Es una ocasión para que él pueda reelaborar aquello que ha vivido, apartándose por un instante de su eterno presente para reflexionar sobre el pasado y pensar en el futuro. El regreso a casa tras unas vacaciones puede ser un buen momento para darse cuenta de la huella que han dejado en él los días que acaba de vivir, cuáles han sido los instantes más felices. De esta manera, el aburrimiento se convierte también en una forma de enseñar la capacidad de expresar gratitud por las experiencias vividas.

Ese espacio vacío se transforma así en una posibilidad de confrontación y proyecto, y en consecuencia el aburrimiento puede provocar una chispa, un camino significativo para la explosión que hace que el talento se manifieste. Porque en esos momentos en que el niño se queja, va de una habitación a otra y se tira en el sofá aburrido porque no sabe qué hacer, si le concedemos cinco minutos de absoluto silencio para que pueda encontrar él solo una solución, casi siempre acaba por ocurrírsele ideas fantásticas. Superado el primer momento de desconcierto y fastidio, se ilumina como si hubiera tenido una gran inspiración y se dirige a su habitación para coger lo que le sirve para crear. Y es así justamente como a veces se manifiesta el talento: en las situaciones más imprevisibles, porque experimentar algo nuevo desencadena la fantasía.

En ese vacío no programado, la capacidad de un progenitor de no intervenir se hace muy importante para dejar al niño un espacio real de invención: la chispa podría transformarse de verdad en talento e incluso convertirse en algo sobre lo que él construirá su camino.

Giulia tiene diez años y esa tarde no tiene absolutamente nada que hacer: ninguna tarea ni actividad extraescolar. Es un momento de gran aburrimiento y de vacío total que no sabe cómo llenar.

Tiene calor dentro de casa y sale a la terraza para tomar el aire, allí ve que las tomateras plantadas por su madre han empezado a dar fruto. Así, de repente, ve con nuevos ojos ese minúsculo huerto y se enamora de él. La niña pasa las siguientes horas observando, oliendo, regando las plantas, quitando con cuidado las hojas secas y metiendo en una cajita las semillas de las bellas de noche: Giulia ha descubierto un mundo. De ahí ha nacido una explosión de curiosidad, ha querido profundizar y, cuando en el colegio han tratado temas ligados a la agroalimentación y al cuidado de la tierra, se ha entusiasmado aún más, sin contar que ya nunca ha dejado de cuidar las plantas de la terraza. Y todo esto, gracias a una tarde en la que se aburría.

Tomarse un descanso

Hemos visto anteriormente que los estímulos para hacer emerger el talento llegan cuando dejamos a nuestros niños libres de dejar correr su creatividad con el juego y la exploración, sin vínculos impuestos por nosotros, los adultos. Ahora bien, después de todas estas actividades es necesaria una pausa. En la frenética vida que a menudo llevamos, regalarse un espacio vacío o dejarse sorprender por algo inesperado son eventos poco usuales y muy valiosos: si conseguimos liberar un poco de espacio en nuestras ajetreadas jornadas y en las de nuestros hijos, podremos captar muchas ocasiones de sincera sorpresa.

Entre otras cosas, ese tiempo vacío que permite metabolizar los estímulos y hacerlos renacer con otras formas es también fundamental para que el niño viva el deseo de volver a la actividad o a la situación que le gusta mucho y le satisface plenamente. Es suficiente ya la espera de ese momento especial para anticipar la pasión y la alegría que sentirá, y también este es un modo magnífico para educar y cultivar el talento, ¡aprendiendo el arte de esperar y dejando que cada piedrecita lanzada al mar del alma de un niño pueda ampliarse en todas las ondas que quiera!

El bálsamo del silencio

Nuestros días son a menudo un eslalon entre compromisos profesionales, familiares, el teléfono móvil que recibe mil mensajes, correos electrónicos, llamadas de teléfono, la voluntad de reservarnos pequeños momentos para nosotros y los mil imprevistos que inevitablemente llegan a desbaratar todos nuestros planes. ¿Cuántas veces tenemos la sensación de llegar a la noche como si nos hubiera arrasado literalmente un alud de palabras, de pensamientos, de estímulos de todo tipo, incluida esa vocecita en nuestra cabeza que no para de atormentarnos recordándonos la lista infinita de cosas que nos quedan por hacer?

En tales condiciones, es muy difícil encontrar la energía necesaria para ofrecer a nuestros hijos esa escucha empática que pueda permitirles manifestarse en plena libertad. Los niños a su vez a menudo viven días superconcentrados, en los que resulta difícil dar espacio a la serenidad y al tedio creativo.

Un interesantísimo libro, *La magia del silencio*, escrito por Kankyo Tannier, una joven monja budista francesa, propone como antídoto a esta vida tan intensa y estresante, un verdadero tratamiento de silencio. En su opinión, el silencio puede suponer un refrescante bálsamo para los oídos, que puede extenderse también a otros sentidos: invitar a nuestros hijos y a nosotros mismos a unos minutos de «silencio para la mirada», lejos de *tablets* y televisión, o incluso «silencio para el cuerpo», puede abrir horizontes verdaderamente importantes para el equilibrio interior (y como consecuencia, para la creatividad).

Pero claro, este recorrido está tan alejado de nuestra rutina que se va aprendiendo poco a poco, porque ya desde pequeños la primera reacción frente a la ausencia de estímulos podría ser una forma de intolerancia: un rechazo en el que el niño, al igual que los adultos, no logra entregarse a la relajación, sino que tiende a saltar de una actividad a otra.

El silencio encuentra espacio si reducimos los requerimientos de prestaciones y creamos zonas francas en las que el niño puede prestar oído a aquello que le rodea, en contacto con los sonidos de la naturaleza, atento a aquello que se mueve sin tener que responder sino simplemente observando y dejándose sorprender.

A veces asociamos erróneamente el silencio al vacío, pero el silencio no es ausencia, es presencia. Una presencia que se aleja delicadamente del caos, del ruido, para encontrar un espacio acogedor y un tiempo lento. El silencio ayuda al niño a encontrar armonía, a escucharse y a conocerse.

He tenido la suerte de dar clases, durante siete años, en una escuela Montessori y recuerdo cómo los niños se dejaban capturar por el silencio. Sí, porque el silencio facilita la reflexión, la escucha, la meditación, la comprensión, la relajación y regenera la mente.

Maria Montessori decía: «Cuando los niños se familiarizan con el silencio […] siguen perfeccionándose, caminan con ligereza, tienen cuidado de no chocar con los muebles, de mover las sillas sin hacer ruido, y colocan las cosas sobre la mesa con delicadeza. […] Estos niños están sirviendo a su espíritu».

Un niño, cuando se acerca el silencio, empieza a apreciar sus beneficios y lo busca en sus actividades más importantes.

10 BUENOS MOTIVOS PARA CULTIVAR EL SILENCIO

- El silencio es búsqueda.
- El silencio respeta las emociones.
- El silencio ayuda a escucharte y a escuchar.
- El silencio es una sabia guía en las decisiones importantes.
- El silencio acaricia los sentimientos.
- El silencio crea los sueños.
- El silencio saca a flote los recuerdos.
- El silencio ordena los pensamientos.
- El silencio promueve el cambio.
- El silencio fortifica las relaciones.

El silencio no está solo fuera de nosotros, sino también dentro. Desarrollar un silencio interior nos permite gestionar nuestra cotidianeidad con conciencia y equilibrio, obteniendo así un estado de calma.

Os propongo un ejercicio que he experimentado personalmente con los niños. Sentémonos en el suelo con las piernas cruzadas, cerremos los ojos, intentemos captar todos los sonidos y ruidos que proceden del exterior, luego prestemos atención a los sonidos interiores (la respiración, el latido del corazón), repitamos lentamente dentro de nosotros aquello que auspiciamos: «Estoy en calma y me siento bien», o bien: «Estoy lleno de energía».

Bastan unos minutos. Las primeras veces no será fácil, pero si lo hacemos con convicción, los resultados no tardarán en llegar. Encontraremos sosiego y concentración y los más pequeños también se beneficiarán: aprenderán a captar la belleza de momentos en los que no es necesario «hacer» por fuerza o intervenir de forma operativa; conseguirán gestionar las emociones y ser más reflexivos y menos impulsivos.

Probadlo: os aseguro que el silencio sabrá sorprenderos.

6

Los estímulos externos

«La relación que fluye entre nosotros y nuestros hijos debe ser un intercambio vivo de pensamientos y sentimientos y debe incluir también profundas zonas de silencio. […] Nosotros debemos ser para ellos un simple punto de partida, ofrecerles el trampolín desde el que emprenderán el vuelo.»

NATALIA GINZBURG

Tener un mapa para saber cambiar de camino

Debemos tenerlo en mente y no olvidarlo ni en los momentos difíciles: cada niño tiene unas características únicas y especiales.

La unicidad de nuestro hijo ha de reconocerse como valor en sí, si queremos que dé buenos frutos. Aceptarla y no cambiarla debe guiar nuestras elecciones educativas.

Inevitablemente, cada familia crea estímulos y situaciones que pueden encaminar los comportamientos del niño, sus talentos, hacia una dirección u otra. Es un reflejo natural del contexto de origen que todos los niños absorben como esponjas y que comienza desde muy pequeños a orientarles de alguna manera.

Por ejemplo, hay padres que se esfuerzan en enseñar a sus hijos a ser muy educados, saludar siempre, decir «gracias» y «por favor»; a otros les importa sobre todo el rendimiento escolar; hay quienes consideran fundamental las actividades después del estudio, porque quieren que sus hijos tengan una vida llena de estímulos. Algunos apuestan por las experiencias fuera de casa, por los estudios que incentiven su independencia y su autonomía, hay familias que dan una gran importancia al aprendizaje de idiomas, con la idea de que el futuro de sus hijos sea diferente.

A Leonardo, desde muy pequeño, su familia le llevaba, junto con su hermano, a hacer viajes estupendos: a la madre le apasionaba el arte y despertaba temprano a sus hijos para animarles a salir enseguida y aprovechar el día visitando museos y haciendo larguísimos paseos para descubrir las ciudades que visitaban. Pero ese empeño y el esfuerzo cansaban a los niños, demasiado pequeños para apreciar plenamente ese tipo de experiencia. Pronto los padres se dieron cuenta de que ese proceder, aunque muy enriquecedor, no era siempre correcto para los tiempos y las necesidades de los niños, tanto que acababa convirtiéndose en estrés, más que diversión. Decidieron entonces cambiar de estrategia y comenzaron a involucrar a los hijos en la organización del viaje, preguntándoles: «¿Qué os gustaría ver en esta ciudad?». De esa manera el esfuerzo inicial logró transformarse en un momento de debate, los niños se sentían partícipes y esos estímulos empezaron a funcionar muy bien. Cuando la curiosidad que la familia quiso introducir y desarrollar en los hijos siguió los ritmos que se conciliaban mejor con su edad, poco a poco, empezó a florecer a su manera, con sus tiempos y en las formas más acordes con los chicos. Hoy los dos ya son mayores, Leonardo estudia en la universidad y se ha convertido en un viajero entusiasta, que no pierde ocasión para descubrir el mundo con sus amigos.

Cada realidad tiene su mirada y sus intenciones, así como en el ámbito escolar cada profesor tiene su propia visión, que en la práctica se traduce luego en prioridades diferentes a la hora de establecer la relación con los niños. Hay profesores que exigen silencio y disciplina: en clase no se debe oír ni una mosca, los niños están ahí para escuchar y aprender y el orden es necesario para enseñar y asimilar mejor; otros profesores sin embargo dan mucha importancia a la interacción, al hecho de que una clase se convierta en un auténtico equipo, capaz de cultivar la ayuda recíproca, y poco importa si en algunos momentos este proceso atraviesa animadas fases creativas.

Tanto en el proyecto educativo que se hace en clase como en el que se hace en casa (incluso sin que nos demos cuenta del todo) cada uno de nosotros crea recorridos para transformar la propia mirada en acciones y trabajar junto a los niños para alcanzar los objetivos que nos hemos marcado.

Tener una visión responsable nos permite a los adultos proporcionar a los niños una guía y una dirección bien nítidas, y es una gran ayuda para su crecimiento. Basarnos en una filosofía de vida que nos sirva como brújula en nuestro navegar cotidiano, hecho de mil pequeñas y grandes elecciones educativas sobre lo que reflexionar, es fundamental y puede resultar un gran punto de fuerza. Lo importante es que en ese navegar no se aparte nunca la mirada del niño: mantener el timón hacia una dirección no debería quitar a nuestros hijos la posibilidad de ser elementos activos en su educación y en su recorrido de crecimiento. Si, involuntariamente, ponemos límites a la expresión de sus gustos, de sus pasiones y de sus voluntades, estamos poniendo un tapón a su inteligencia y a su talento, que no siempre tiene la misma matriz que el nuestro.

Si conseguimos captar el sentido de las palabras y de los comportamientos de nuestros hijos, la dirección a tomar se hace más clara, como hicieron los padres de Leonardo. Por el contrario, cuando no comprendemos el significado nos entregamos al juicio sintético y a las etiquetas, como esa que define como «rabieta» un momento de real necesidad del niño. En ese punto, un niño que no se siente comprendido y escuchado comenzará a manifestar su contrariedad de la manera más fuerte que sepa ¡y en ese caso saben ser verdaderamente *creativos*!

El aire que se respira y lo que nos inspira

El ambiente en el que vive un niño, la atmósfera que respira y los discursos que absorbe desde que es muy pequeño son todos valiosos condicionamientos para él: de ahí puede aprender mucho y recoger grandes estímulos, sobre todo si hay un acercamiento positivo por parte de la familia.

Si la profesión que desarrollan los padres o los intereses a los que les gusta dedicarse se perciben como actividades satisfactorias y divertidas, esta pasión se transmite automáticamente al niño y es capaz de florecer de forma extraordinaria.

Ocurre a menudo en contextos artísticos: en una familia de músicos es natural que los hijos se sientan animados continuamente por los padres para acercarse a la música, entre otras cosas porque la han escuchado siempre en casa y seguro que habrán tenido a mano, desde siempre, algún instrumento para investigar cómo funciona y experimentar jugando. Esto, con las mismas dinámicas, vale también en otros ámbitos, como por ejemplo en la cocina: aprender a conocer y prestar atención a la comida, a asociar de la mejor manera ciertos alimentos, son cosas que se aprenden en la familia, mirando desde pequeños a los adultos que cocinan, probando, comenzando aquí y allá a echar una mano. Cuanto más se involucra a los niños, más se manifiesta su habilidad, deseosos siempre de aprender y capaces de sorprendernos con sus creaciones, a veces excesivamente fantasiosas, otras sin embargo dignas de un gran artista de la cocina, de los pinceles o de cualquier otra actividad que hayan podido absorber y probar a poner en práctica.

Picasso decía que todos los niños nacen artistas y la verdadera dificultad es seguir siéndolo de adultos.

En efecto, sin esa chispa de diversión e innovación en la que los niños son campeones absolutos, sería impensable lanzarse a algo creativo verdaderamente, aceptando y superando todos los inevitables errores o momentos difíciles porque la pasión que nos sostiene al perseverar en esa actividad es más fuerte que cualquier otra cosa.

¡También en esto nuestros hijos tienen mucho que enseñarnos! De hecho, la fuerza para levantarse tras una caída nace precisamente de un impulso de amor absoluto, de gozo al dedicarse a algo que satisface muchísimo, tanto como para poner en segundo plano el riesgo de caer o fracasar y el temor de mostrarse imperfectos.

En el contexto de un momento gozoso incluso la rutina de repetir diferentes veces la misma acción se transforma en devoción y el tiempo pasa rápido. Sensaciones que los adultos muchas veces no cuidamos, ¡como si no fuera importante también para nosotros cultivar a todos los niveles esa pasión que nos hace únicos! Desgraciadamente, el frenesí de la cotidianeidad nos lleva muchas veces a olvidar que, solo a través de nuestros talentos más profundos podremos encontrar el recorrido más acorde con nuestro sentir, y esto es válido para todas las edades.

Estos aprendizajes nacidos en la familia quizá justo en los momentos de placer o relax, en los que el objetivo no es enseñar algo sino compartir una tarde de vacaciones, son aquellos que están más arraigados: la mayoría de los adultos que conozco que hoy hacen milagros en los fogones fueron niños a los que les encantaba pasar horas con sus padres, una tía o una abuela en una cocina que se convertía en el lugar por excelencia del relato, de la escucha o del juego.

Los momentos compartidos de forma gozosa son regalos importantes a la vez que recursos sensibles que podemos ofrecer a los niños para que consigan expresar mejor todas sus actitudes; pero es igualmente importante mantener una mirada de apertura a sus deseos y pasiones sobre aquellas actividades que les provocan curiosidad de forma especial, tratando de captar las señales para distinguir entre la atención del momento y un interés más sólido.

Es obvio, de hecho, que a esa edad estímulos y curiosidad pueden nacer de cualquier cosa, de la lectura de un libro o de la frase de un amiguito, pero no es concluyente que, desde esa chispa, se vaya a crear una auténtica pasión merecedora de que se profundice en ella o que pueda desplazar a las anteriores.

También en este caso no creo que existan reglas fijas que vayan bien para todas las situaciones, pero hay un elemento que puede ayudarnos siempre a valorar cada vez y es justamente la escucha de nuestro hijo. Solo él puede transmitirnos esta diferencia y «ayudarnos a ayudarle» a realizar las pequeñas y grandes elecciones que cambiarán, pasito a paso, el camino de su vida.

Elecciones responsables y compartidas

Roberta, una niña de nueve años que desde hace un tiempo estudia danza con gran pasión, un día anuncia que quiere hacer esgrima. La madre se queda completamente perpleja por la petición, porque cambia la visión que tiene de su hija. Hasta ese momento la ha visto siempre decidida, equilibrada y voluntariosa, pero de repente ya no la reconoce y se plantea mil preguntas: ¿añadir al compromiso de la danza otro deporte o permitirle que deje su amado tutú, las amigas, la profesora de danza a la que quiere tanto? ¿Cuál es la elección más correcta: hacerla perseverar o permitirle que tome otra dirección?

¿Qué habríamos hecho nosotros en el lugar de la madre de Roberta? Ella intuía que de esa petición en apariencia banal podía nacer en el futuro un cúmulo de problemas, y sin embargo no se sentía capaz de ignorar el deseo de su hija. Por una parte se preguntaba si la danza no había sido una elección «inducida» (todas sus amiguitas estaban inscritas en esa clase, como todos los chicos jugaban al fútbol), por otro lado le parecía que era una afición sincera. Y además, ¿era justo dejar que Roberta fuera libre de seguir su curiosidad o le estaba transmitiendo el mensaje de que los compromisos adquiridos pueden abandonarse en cualquier momento?

Lo importante para nosotros, los padres, es partir siempre del presupuesto de que para un niño una actividad debe tener una base de pasión, de deseo sincero, de aplicarse con compromiso, de otra manera el estímulo corre el riesgo de convertirse incluso en algo contraproducente. Por otro lado, es más que justa la idea que dar soporte a sus intereses significa apoyarles también en las fases más difíciles, sin permitirles que abandonen ante el primer contratiempo. La elección de emprender una actividad extraescolar se convierte en un momento para afrontar el tema de la educación en la responsabilidad: además de evaluar qué actividad desarrollar, el niño debe comprender que un compromiso aceptado comporta también momentos de dificultad y cansancio.

Si nuestro hijo decide hacer un deporte y, tras dos o tres clases, a la primera dificultad, pide quedarse en casa, ¿es correcto secundarle? Un «visto y no visto» no permite crear una experiencia de ese lugar, de esa actividad, ni de sí mismo en aquello que eligió. Si no interviene nada objetivamente grave que le altere, considero que hay que ayudar a los niños a superar el inevitable cansancio de llevar adelante un compromiso: escucharles no significa condescender ante cada petición, sino más bien reflexionar sobre cuáles pueden ser sus verdaderas necesidades, y animarles para afrontar los pequeños desafíos cotidianos.

Una buena estrategia podría ser la de proponerles que se dediquen a ello durante un cuatrimestre o un periodo determinado, y solo al término de este espacio de tiempo evaluar juntos si la experiencia ha sido positiva: esto ayuda a los niños a responsabilizarse y a afrontar el cansancio sin pensar que, ante la primera dificultad, estarán mamá y papá para resolver la situación.

Lo importante es que el progenitor deje siempre un espacio de diálogo y participación. En caso contrario, en el momento en que el niño se cansara de esa actividad y se entusiasmara por cualquier otra, el padre podría sentir un auténtico fracaso (como le ocurrió en parte a la madre de Roberta, que ya no reconocía a su hija): de repente, se cae el castillo ideal que se había construido al imaginar todo un recorrido del hijo en esa dirección, y cae en una enorme desilusión.

Por el otro lado, también para el niño en estos casos se crea un problema, porque no hay nada peor que pensar que se ha defraudado a los padres y no sentirse a la altura del apoyo que estaba recibiendo para esa actividad. Responder a las expectativas de los padres es quizá la angustia más fuerte a la que se enfrentan los hijos, consciente o inconscientemente. En ese punto, un momento de diálogo y de enriquecimiento puede convertirse en algo contraproducente e interferir en la relación padres-hijos. La situación parece bloqueada. Renunciar a las propias expectativas (el progenitor), o decidir no satisfacerlas para orientarse hacia una elección propia (el niño) es como el dilema del prisionero: secundo y renuncio, elijo y defraudo. ¿Es posible encontrar una solución positiva para ambos?

Del atrincheramiento se puede salir con una apertura: asumo la petición, escucho, acompaño en la exploración de las alternativas, en la escucha de las emociones y en la elección en libertad.

La madre de Roberta se tomó su tiempo en comprender bien los extremos del problema y dialogar de la forma más adecuada con su hija. Dejar pasar un tiempo, antes de ciertas decisiones, es siempre positivo para hacer elecciones más acordes con nuestro sentir. Luego, de común acuerdo, tras la clase de esgrima de prueba, la niña podría elegir entre las dos opciones. En caso de elegir la nueva actividad, tendría que renunciar a la danza, para no sobrecargar la semana con demasiadas ocupaciones. De esta manera Roberta pudo responsabilizarse e involucrarse en primera persona en la decisión, teniendo en cuenta todos los aspectos: ella misma, después de la primera clase de esgrima, eligió seguir con la danza. Al final, este experimento fue para ella un motivo de crecimiento importante, y fue también una buena ocasión para establecer un diálogo con los padres preparándose para ir haciendo poco a poco pequeños pasos de autonomía. Esta capacidad de compartir y saber elegir es también, a fin de cuentas, uno de los mayores y más útiles talentos que podemos ayudar a cultivar en nuestros hijos.

Como siempre, es necesario el equilibrio. Mi opinión es que los primeros años de la escuela primaria son años de experimentación en todo, años en los que el niño necesita medirse sintiendo diferentes estímulos, pero sobre todo comenzando a responsabilizarse sobre aquello que elige hacer.

Ofrecer la posibilidad de experimentar sin llegar a forzar ni a imponer expectativas para mí significa:

- proponer actividades estimulantes dentro del respeto a la naturaleza e intereses del niño;
- tratar de no sobrecargar al niño con muchas actividades;
- apostar por actividades a las que el niño se dedica con gran alegría y entusiasmo;
- tratar de entender también cuáles son las cosas en las que el niño no está interesado.

No es siempre fácil encontrar la justa medida entre el deseo de proporcionar muchos estímulos, que permitan a nuestros hijos experimentar y manifestar todos sus maravillosos talentos, y la necesidad de dejar que los niños tengan ante todo mucho tiempo libre dedicado exclusivamente al juego.

Comprendo que los niños son curiosos y están deseosos de conocer, profundizar, descubrir, pero es también importante poner freno a la multitud de actividades, estímulos y experiencias que llenan sus días, partiendo justamente de las actividades extraescolares, que pueden aligerarse en base a sus necesidades reales.

Es necesario responsabilizar a los niños, para lo cual es importante que perciban que cada actividad que desarrollen deben vivirla con compromiso y seriedad. Además, verán como cada experiencia tendrá también momentos de mayor exigencia que forman parte del recorrido. Y con el tiempo se darán cuenta de que tener la posibilidad de descubrir su talento es maravilloso, pero desarrollarlo y mantenerlo es también trabajo, compromiso y dedicación.

No creo que existan recetas válidas para todos, ni para todos los momentos: cada familia, cada situación y cada niño tiene las suyas, en continua evolución dinámica. Lo importante es recordar que para que aflore el talento de los niños es indudable que un ambiente estimulante ayuda, ¡pero no por esto debemos llenar de actividad la vida de nuestros hijos con una agenda como la nuestra!

Por ejemplo, cultivar su curiosidad por el deporte, la música, el arte, los idiomas, la cocina, no significa ocuparles cada día con un curso diferente, sino imaginar que, de vez en cuando, se puede hacer con ellos algo diferente: ir a una exposición, a un concierto, a ver un partido de baloncesto, a un evento gastronómico, a caminar por la montaña. Abrirse a espacios y ocasiones inéditas para el niño representa una oportunidad de la que puede nacer el entusiasmo hacia una actividad diferenciada de otras.

OPEN: LA HISTORIA DE ANDRE AGASSI

Andre Agassi ha sido uno de los tenistas más importantes de la historia. Famoso por sus extraordinarios reflejos y también por su anticonformismo (era el único que osaba presentarse en la pista con colores chillones, pendientes y pelo largo, cuando el blanco y la sobriedad eran lo normal), tras cerrar una carrera de récord logró sorprender al mundo entero una vez más y sin tener necesidad de empuñar una raqueta.

Fue la publicación de su autobiografía lo que dejó a todos sus fans con la boca abierta y lo que le proporcionó nuevos admiradores entre un público al que no les había interesado antes el tenis, pero que se quedaron impactados con su historia. De hecho, Agassi, en el libro de provocativo título *Open*, tuvo el valor de desvelar que la persona que consiguió transformar su talento deportivo en una verdadera máquina de conseguir trofeos había sido su padre, obsesionado con el deseo de tener un hijo campeón. Desde los dos años, el pequeño Andre se vio obligado a practicar a diario con miles de pelotas, lanzadas por una máquina inventada por el padre y que el niño llamaba el «dragón», porque para él era la imagen más horrenda y temible que pudiera imaginar. Y, por desgracia, la teoría de Mike Agassi de que su hijo menor, entrenándose de esta manera, no tendría excusas para alcanzar los sueños de gloria que Mike tenía para él, se hizo trágicamente eficaz.

Especialmente desgarradoras e inolvidables son sus palabras: «Odio el tenis, lo odio con todas mis fuerzas, y sin embargo sigo jugando, sigo boleando todas las mañanas, todas las tardes, porque no tengo elección. Por mucho que quiera parar no lo consigo. Sigo implorándome a mí mismo dejarlo y sigo jugando, y esta contradicción, este conflicto, entre lo que quiero y aquello que hago efectivamente es la esencia de mi vida».

La pasión, el talento y un millón de pelotas de tenis

¿Realmente, son suficientes diez mil horas de entrenamiento o un millón de pelotas de tenis al año disparadas por un «dragón» para hacer de un niño un campeón en cualquier disciplina en la que demuestre un cierto talento? En cualquier caso, la historia de Agassi demuestra lo importante que es el entusiasmo en la vida.

Si haces una cosa que te ocupa mucho tiempo y muchísima energía, aunque tengas reconocimientos sociales incluso importantes, si no te gusta, serás en cualquier caso un individuo infeliz. Hoy hay muchísimas personas infelices justamente porque hacen cosas que no les satisfacen, solo porque sentían que no tenían alternativa y pensaron siempre que su vida estaba destinada a seguir ese camino.

Esto no significa que no podamos dedicarnos, incluso con compromiso y satisfacción, a una actividad que quizá no nos convence del todo: puede ocurrir en la vida de cualquiera y estoy plenamente convencida de que la expresión «talento» no coincide necesariamente con una elección profesional.

El estímulo más importante que podemos dar a nuestros hijos es acostumbrarles a percibir la diferencia entre aquello que les hace sentir bien en lo más profundo y aquello que eligen hacer porque puede ser útil o ventajoso. En algún momento, podrán unir las dos actividades en una, en otros sin embargo las llevaremos adelante en dos railes diferentes: no importa, basta que no confundan nunca los resultados de sus acciones con el valor de su persona. Hay que repetir a nuestros hijos: «te quiero por lo que eres y no por lo que haces o por lo que se te reconoce».

El talento de Alice se manifestó de la manera más bella y más plena solo cuando detuvo su carrera desenfrenada: desde luego era una niña muy curiosa y también muy estimulada, incluso podríamos decir hiperestimulada, dado que hacía numerosas actividades extraescolares. Todos los días de la semana tenía programado algo, no tenía nunca un día libre en el que poder dedicarse al juego o a experimentar alguna hora de sano aburrimiento. Esto hizo que la niña llegara a vivir épocas de gran cansancio, tanto que los padres decidieron reducir drásticamente sus compromisos y le preguntaron cuál era el único al que no quería renunciar. Alice, sin dudarlo, eligió seguir con la música.

Lo mejor es que cuando ella misma fue llamada a elegir y pudo destinar todas sus energías a lo que más le apasionaba, floreció literalmente en el estudio de la música, que tomó un paso más sereno y gozoso, muy lejos del antiguo estrés.

Sus padres se habían dado cuenta de que la gran energía y los múltiples talentos de su hija podían volverse en su contra, si ellos en primer lugar no la ayudaban a escalonar la marcha de sus mil intereses. Por suerte, al verla tan cansada, comprendieron que era importante que eliminara alguna ocupación para recuperar su dimensión de niña, escuchándose a sí misma, con tiempo para relajarse, para jugar con sus amigas. Entre otras cosas, la actividad en la que ella había decidido seguir adelante era extremadamente fatigosa, al tener que practicar a diario con el violín, pero Alice no sentía el cansancio porque era algo a lo que se dedicaba con enorme entusiasmo.

Reconocer y valorizar el talento del niño por el puro placer de vivirlo, no para construir la carrera de un individuo de éxito (¡cosa que obviamente podemos también augurarle!) significa ayudarle a ser independiente del reconocimiento que podrá recibir de los demás. La idea es que el niño tenga una vida acorde lo más posible con sus sueños y con sus características personales: en ese punto será él mismo o ella misma el que reconozca el placer expresivo de sus dotes más allá del resultado medible. Nuestro papel es, más que nada, el de acompañamiento del niño en el desarrollo de su crecimiento, respetando lo que es junto a aquello en lo que se está convirtiendo, cada día diferente y un poco imprevisible.

Esto no significa que nuestra figura no sea de firmeza y autoridad, sino que también podemos ser un sostén para él dejándole todo el espacio vital que necesita para expresarse plenamente y, sobre todo, con alegría.

Está ya demostrado, incluso a nivel científico, que cuando aprendemos con alegría, los frutos del talento maduran mejor y duran más y la figura adulta de referencia no es necesario que sea severa y sombría como ocurría con algunos maestros de antaño.

La profesora Daniela Lucangeli, docente de Psicología evolutiva en la Universidad de Padua, en una entrevista en la que hablaba del proyecto Escuela B-612 (que debe el nombre al planeta que cuidaba el Principito en la obra de Antoine de Saint-Exupéry), declaró que «el profesor alegre, ese que disfruta enseñando, es también el más eficaz para la memoria a largo plazo, para la inteligencia estratégica, para la permanencia de la información, para la creatividad».

De hecho, las nuevas fronteras de la pedagogía están insistiendo cada vez más en la importancia de poner el punto de mira en la idea de que «no estamos divididos en inteligencia y emociones: si mientras aprendo una tabla de multiplicar siento miedo, cada vez que recupero de la memoria esa tabla recojo también la información del miedo que la acompañó, y determino lo que en términos técnicos se llama cortocircuito cognitivo». Entonces, ánimo queridos colegas, hagamos que la alegría esté más presente en nuestras aulas.

EL PRINCIPITO

A propósito de *El principito:* además del libro, existe una película de dibujos animados de Mark Osborne del 2015 inspirada en una de las historias más mágicas que se hayan dedicado nunca a los niños de todas las edades.

En la película, la historia del pequeño piloto interestelar perdido en el desierto cambia el recorrido de la protagonista, una niña de ocho años cuyo principal objetivo en la vida es ser admitida en el colegio más exclusivo y codiciado de la ciudad, la Werth Academy. En la entrevista para la admisión, la niña está tan tensa que a la pregunta «¿Qué quieres ser de mayor?» responde como un pequeño loro el bonito discurso que su madre le ha preparado. ¡Una respuesta errónea que correspondía a otra pregunta!

Esto hace que pierda la ocasión, pero su implacable madre no desiste: las dos se trasladan a vivir cerca de la escuela y comienzan a llevar adelante el plan B, un exhaustivo programa de estudio que no deja ni un instante de tregua a la niña.

Con solo ocho años, no solo es presa de un tiempo totalmente organizado, sino que ya es esclava del juicio ajeno: «¿Mamá, crees de verdad que yo soy digna de la Werth Academy?».

En vez de consolarla y hacerle comprender que desde luego no va a ser una escuela lo que cambie su vida o establezca su dignidad de persona, la supereficiente madre despliega con orgullo una gran tabla: «Lo serás al final del verano, porque yo he elaborado un programa. Lo he llamado "tu proyecto de vida": ¡no dejaremos nada al azar! ¡Aquí está todo el plan, enumerado de arriba abajo, de izquierda a derecha!».

En la terrorífica tabla, cada minuto, hora, día, año de la vida de la niña ha sido programado, incluido el plan de estudios universitarios en biología y los futuros regalos de cumpleaños. ¡¡¡Auxilio!!!

¿Cómo se puede ignorar el miedo que provoca que los ojos de la niña se salgan de las órbitas frente a un programa que no deja nada al azar? Pero, sobre todo, ¿cómo no preguntarnos si incluso nosotros, a menudo sin siquiera darnos cuenta, imponemos a nuestros hijos algo parecido (con las debidas proporciones, por suerte)?

Muchas veces, el deseo de enriquecer su vida con estímulos y oportunidades nos lleva a olvidar o descuidar la idea de que si nos empeñamos demasiado en organizar «su proyecto de vida» corremos el riesgo de ahogar su sueño.

Y el talento tiene una necesidad vital de sueños, porque es justo ahí donde desarrolla sus raíces más fuertes y encuentra un alimento que no se agota jamás.

7

El respeto hace fluir el talento

> «Es el mayor regalo que pueden hacer una madre y un padre: dar libertad, saber dejar ir a los hijos, sacrificar cualquier posesión sobre ellos. En el tiempo en que la vida crece y quiere ser libre más allá de los reducidos límites de la familia, la tarea de un padre y una madre es dejar ir a los hijos, saberlos perder, conseguir abandonarles.»
>
> Massimo Recalcati

No es fácil ser padres…

Nadie sabe lo que puede reservarnos el futuro, en una época de cambios en la que todo ocurre muy deprisa. Y sin embargo, asumimos el compromiso de preparar a nuestros hijos, o a los niños de los que nos responsabilizamos, con el fin de hacerles vivir plenamente ese futuro imprevisible.

Es evidente que nuestro objetivo no es educar a los niños haciendo que se conviertan en adultos idénticos a nosotros, sino formar personas autónomas y serenas, capaces de desenvolverse con tranquilidad en cualquier contexto en el que puedan moverse. Por ello, la clave no es proporcionar respuestas preconfeccionadas, sino dar oportunidades, si queremos que nuestros hijos se sientan libres de ser lo que son, y que no se esfuercen en adaptarse a aquello que tenemos en mente solo para complacernos.

Por mucho que nuestras intervenciones en relación a ellos puedan ser atentas y cuidadas, muchas veces tenemos la sensación de no haber sido eficaces, de habernos equivocado por mil motivos respecto a lo que teníamos pensado hacer, dándonos cuenta de que nuestro acercamiento, como profesores o como padres, es determinante para respetar y valorar la identidad de cada niño. Cada uno parte de una mirada diferente sobre sí mismo: está el que tiene una autoestima incluso demasiado alta, quien no cree en sí mismo, quien está ya explorando sus propias potencialidades y el que, por el contrario, piensa que no es capaz de nada…

Si un niño no tiene fe en sí mismo está claro que se hace necesaria una intervención más profunda por parte del adulto; y no se trata de hacerle fáciles halagos para que esté contento, sino de animar aquellas actividades que le permitan reforzar realmente su autoestima más allá de nuestra intervención. De hecho, cuando un adulto le valora solo para contentarle, un niño lo percibe: por lo que es importante que el progenitor, poco a poco, haga sentir al niño que es bueno en algunas cosas, dándole cada día un poco de confianza.

> Giovanna estaba convencida de que no valía nada. En el colegio coleccionaba pésimas notas, los adultos se dirigían a ella solo para decirle como debería comportarse y además su hermana era siempre «mejor» que ella. Era increíblemente arduo ser algo diferente a lo que los mayores le atribuían y ella se sentía siempre inadecuada en todo.

Sobre el ser más o menos adecuados podríamos discutir durante horas. ¿Adecuado respecto a quién o a qué? Existen mil modos de ser y nuestro valor no depende de encajar más o menos en ciertos esquemas. Sintámonos felices al descubrir que a nuestros hijos, a nuestros niños, no se les puede encasillar ni etiquetar.

¡Tratemos de apreciar la unicidad de cada uno sin asustarnos!

Si un progenitor, por su naturaleza, tiende a ser demasiado juzgador y perfeccionista debería reflexionar sobre cómo encontrar los espacios para reconocer el esfuerzo, incluso cuando el niño no hace exactamente lo que el adulto tenía en su cabeza. A veces los niños se confrontan con padres que a sus ojos son tremendamente perfectos, excelentes desde el punto de vista profesional, reconocidos socialmente y con una trayectoria de estudios impecable, y quizá escuchan repetidamente: «¡Pero qué estupenda es tu mamá! Tu papá es verdaderamente excepcional».

Esta continua confrontación se convierte para ellos en un peso difícil de sobrellevar. Frente a unos padres tan capaces y a los que solo atribuyen méritos, un hijo tiene dificultades para expresarse, y por tanto, para encontrar su camino, a menudo le resulta más fácil hacer lo contrario y colocarse en oposición a la figura adulta.

Es posible llegar a ser padres un poco agobiantes desde este punto de vista, cuando se da la impresión de ser una especie de superhéroes que tienen éxito en la vida y lo hacen todo bien. Un mecanismo que actúa sobre los hijos tanto de pequeños como en la edad adulta.

> Alberto ha tenido un gran éxito con la empresa que fundó, pero ha sido justamente él el que ha empujado a su hijo Michele, recién licenciado, a hacer prácticas en otro lugar, al darse cuenta de que el chico es muy diferente a él de carácter y que se encuentra en un momento de su vida en el que necesitaba ampliar sus horizontes y afrontar nuevos estímulos.

Michele se habría sentido asfixiado si no hubiera podido expresar su carácter y su ambición personal buscando otro ámbito, incluso más difícil; para él había llegado el momento de encontrar su camino, apartándose de la figura un poco perturbadora del padre.

Admiro mucho la elección de Alberto, porque me doy cuenta de que no es fácil para un padre pensar que su empresa en un futuro podrá ir a parar a manos extrañas en vez de a las de su hijo. Alentando a Michele a adquirir una experiencia lejos de él, Alberto corre el riesgo de que el chico encuentre fuera una situación tan interesante como para quedarse allí, pero con valor y generosidad ha considerado prioritario el crecimiento personal de su hijo. Quién sabe si quizá algún día la vida lleve a este chico a volver con su padre y ocupar el puesto que le corresponde en la empresa familiar, pero en cualquier caso creo que Alberto hizo un gran regalo a su hijo: dejarle libre para poder encontrar su camino es un gesto bellísimo de amor.
Por supuesto, no es que un progenitor se equivoque al desear que un hijo se dedique a su misma profesión, más aún, es una idea estupenda, porque piensa en cederle su herencia, su historia, siente que ha construido algo que puede tener valor también para su hijo y mantenerle en el futuro.
Es natural que un progenitor proyecte deseos en sus hijos o se esfuerce en ayudarles en el trayecto que les espera, pero lo importante es que esto no se convierta en algo forzado, opresivo. En estos casos la responsabilidad ayuda siempre: la clave podría ser estar en paz con las expectativas que se agitan en nuestro interior para conseguir gestionarlas. Según la edad de los niños, por ejemplo, se puede dialogar abiertamente sobre lo que nos gustaría que ellos hicieran, siempre y cuando nuestras esperan-

zas no sean impuestas como objetivos o expectativas en relación a ellos, dejando la máxima libertad para tomar la dirección en la que ellos se sientan mejor.

El riesgo, dado que los niños buscan la aprobación de los padres, es que se sientan obligados a un camino que no es el que sienten suyo y que les conduce a la insatisfacción, la frustración, la falta de autoestima, abriendo además una brecha de desconfianza en la relación con los adultos.

Lo sé, muchas veces los padres tenemos la sensación de cometer un error tras otro, y quizá sea así, pero luego, cuando nos damos cuenta de que nuestro modo de estar junto a nuestro hijo marca la diferencia, entonces encontramos dentro de nosotros recursos y energías inesperadas. A veces sentimos que le «hemos perdido», pero en nuestro corazón sabemos que nunca será así. Ninguna relación es lineal, en cada familia existen momentos de dificultad. Encontrar la manera de aceptar que puedan darse también estos contratiempos nos puede ayudar a afrontarlos.

Lo importante es conseguir constatar, también en los momentos más difíciles, cuáles son los aspectos positivos en el niño (y en nosotros mismos).

… ¡pero es aún más difícil ser hijo!

Han pasado ya años desde que nosotros fuimos niños y el mundo ha cambiado muchísimo: «en nuestros tiempos» había más libertad y la presión social más común era que casi siempre todos esperaban que tú siguieras las huellas de los padres o de los abuelos; parecía lo más correcto y casi un camino obligado.

Era verdaderamente raro que un niño fuera sometido a la multitud de estímulos y expectativas que ahora le bombardean: el deporte, el segundo idioma, internet, la capacidad de ser líder, de conseguir sobresalir en el grupo, la exigencia de altas prestaciones escolares desde pequeños.

Ser hijo hoy requiere mucho esfuerzo y a los chicos les cuesta trabajo adaptarse a estas exigencias: no porque no tengan capacidad para ello, sino porque cada uno tiene matices diferentes y no siempre el que se ocupa de ellas posee las herramientas para satisfacerlas en su compromiso educativo.

Me ha ocurrido a menudo ver a niños con capacidades extraordinarias que no llegaban a emerger, como si de alguna manera las alas de su talento estuvieran cortadas o aplastadas por un contexto que requería uniformarse con todos los demás, a costa de ignorar las dotes y las competencias específicas que hacen que cada uno de nosotros sea especial.

El secreto es aprender a cuidar a todos los niños, cada uno a su manera.

Fuera cual fuese la actividad que emprendiera, Nicola no conseguía destacar. «¡Tienes que sobresalir!»: esta era la exigencia y la presión que sentía llegar del exterior. Y cuanto más se evidenciaba su dificultad con frases como: «Eres un auténtico vago» o «Despierta, si no te quedarás atrás en la vida», más se mostraba él desinteresado y poco participativo.

Descubrir, pero sobre todo respetar la propensión de Nicola a no ser competitivo fue una elección que le ayudó a expresarse de la mejor manera. Vivimos en un mundo donde la competición se lleva a niveles extremos, pero saber que hay niños que no se adaptan a esta forma de vida es una esperanza para el futuro. Me duele ver a niños desilusionados cuando no alcanzan los objetivos que los padres esperaban. Nuestros hijos son capaces de hacer cualquier cosa con tal de no defraudarnos.

Ser hijo hoy es también difícil porque el niño tiene que responder primero a las exigencias de un progenitor y luego del otro, con la esperanza de que estén en sintonía; debe responder a las exigencias de la sociedad y a lo que le piden los profesores, considerando que quizá en el colegio se debe adecuar a reglas y expectativas diferentes de las de casa.

Además, se le pide un gran compromiso en términos de tiempo, porque después de las horas de colegio muchas veces tiene también un apretado programa de actividades extraescolares, de manera que le queda poco tiempo para dedicarse a sus sueños y a cultivar su fantasía y creatividad. Es tarea de los padres no sobrecargarle ni hacerle llegar al límite y sucumbir bajo los ritmos impuestos.

Aunque las expectativas no sean explícitas, los niños saben exactamente lo que queremos de ellos, es inevitable, pero cuando nuestros deseos se transforman en pretensiones o imposiciones, para ellos se hace muy difícil gestionar ese estrés.

En épocas de dificultades y de desencuentros, lo que puede guiarnos es detenernos de vez en cuando a recordar nuestra experiencia como hijos: ¿qué era lo que más nos gustaba y qué apreciábamos más de nuestros padres? Incluso en las familias más felices hay momentos de contraste, de los que extraer ideas para afrontar situaciones similares y poder empatizar mejor con nuestros hijos y con sus exigencias.

Como ya hemos visto, recuperar nuestra «dimensión de niños» nos ayuda a encontrar también la mejor clave para jugar con ellos de manera que consigan vernos bajo un prisma diferente, más humano y accesible. Lo cual significa ofrecer a los niños la ocasión de experimentar otra forma de relacionarse con nosotros: hacer equipo, cada uno con su papel, trabajando en deseos y objetivos comunes.

En este sentido, la nueva generación de padres ha traído una ola de cambios en la relación con los hijos: si hace tiempo los padres eran figuras inexpugnables y distantes, hoy más que nunca tenemos la ocasión de acercarnos a nuestros hijos para afrontar juntos la vida y todos los imprevistos que nos propondrá.

PADRES, ADULTOS, NIÑOS

El Análisis Transaccional (AT) es una teoría de la personalidad y del comportamiento desarrollada por Eric Berne, psiquiatra y analista canadiense. Según el Análisis Transaccional, los estados del Yo son tres: Padre, Adulto y Niño (modelo GAB). Este modelo de los estados del Yo nos dice cómo estamos hechos, cómo funcionamos y cómo nos relacionamos con los demás. El AT ofrece además una teoría del desarrollo infantil. De hecho, cuando hablamos de «guion» nos referimos a los esquemas de vida actuales que se generan y crean en la infancia. En la relación educativa, un padre lleva consigo de forma diferente los tres estados del Yo.

Para Berne, cuando pensamos y nos comportamos como hacíamos de niños, se dice que estamos en el estado del Yo Niño.

El Niño interior está clasificado como: Niño Adaptado, ese estado en el que el Yo desarrolla un comportamiento adaptado a la influencia del estado del Yo Padre; Niño Libre, que por el contrario activa comportamientos libres sin el condicionamiento del estado del Yo Padre. En este estado utilizamos un comportamiento más espontáneo, más despreocupado, más creativo. El Niño Adaptado y el Niño Libre pueden ser positivos o negativos en la medida en que sean adecuados y eficaces respecto a la situación.

Cuando pensamos y actuamos de una manera que es la respuesta directa a lo que ocurre aquí y ahora, se dice que estamos en el estado del Yo Adulto (el Yo racional que analiza los datos de realidad, evalúa opciones, qué es lo que mejor se puede hacer en una situación en el aquí y ahora) y cuando pensamos y actuamos del modo que hemos aprendido de los padres, se dice que estamos en el estado del Yo Padre (el normativo, que hace aplicar las reglas a los demás y a nosotros mismos y el afectivo, que se preocupa y anima).

Para llevar una vida serena es importante cultivar y sopesar estos matices: en una persona equilibrada coexisten todos los aspectos y encuentran su momento de expresión, hay un espacio para la despreocupación, la diversión y otro para la responsabilidad en el que es necesario encontrar los límites y aplicar las reglas. La figura de mediación es la del Yo Adulto, más sólida y racional, que dialoga con las necesidades del Niño y las reglas del Padre; mientras a menudo las personalidades más frágiles son aquellas que a cualquier edad prefieren solo un cierto tipo de comportamiento y se convierten en prisioneras de él.

Mirar atrás para avanzar

En mi opinión, la clave de lectura que da Berne podría ser un instrumento muy útil en la relación con nuestros hijos, porque a veces no nos damos cuenta de que cuando nos asalta un momento de disgusto, en el que la relación se nos escapa de las manos y hasta podemos ceder al instinto de gritar y hacer recriminaciones, no estamos ya encarnando a un progenitor a sus ojos, sino a otro niño.

En ese punto podría ocurrir que probaran a desafiarnos, porque en vez de conquistar autoridad perdemos credibilidad. Profundizar en esos estados del Yo nos ayuda a ser más conscientes y a mejorar la calidad de nuestra vida y las relaciones.

El «guion» está definido por Berne como «un plan de vida que se basa en una decisión tomada durante la primera infancia, reforzada por los padres, justificada por los eventos sucesivos y que culmina con una elección determinante». Muchas veces replicamos el guion de aquello que vivimos en nuestra infancia, pero si conseguimos percibir cómo nos relacionamos con los demás y logramos tomar conciencia de ciertas tendencias de nuestro comportamiento, será también más fácil sopesarlo para reencontrar el equilibrio en la familia. Para dejar a nuestros hijos el espacio necesario en el que expresar libremente su carácter y todos sus talentos, es fundamental comprender cómo era nuestra madre y nuestro padre y qué «herencia afectiva» podemos haber asimilado de ellos.

Nuestra historia se cuenta por sí misma en nuestros comportamientos y es importante volverla a recorrer para tomar conciencia de ella y eventualmente afrontar el cambio necesario para llegar a ser los padres que queremos ser.

Volviendo a pensar hoy en aquello que mis padres representaron para mí cuando era niña solo puedo estar agradecida: mi padre, en ciertos aspectos, encarnaba al progenitor normativo-afectivo, al adulto, porque en todo momento fue una persona muy equilibrada y sólida, mientras que mi madre cultivó siempre el componente creativo, un poco niña. Para mi hermano y para mí era lo máximo, porque teníamos por un lado la libertad de crear, de explorar, y por otro un padre con autoridad y firmeza que decía: «¡No, pequeña! Más allá del cartel no se puede ir».

Yo llegaba con mi bicicleta hasta el límite que él había marcado y cada vez le preguntaba: «¿Seguro que no puedo ir más allá?». Un poco para desafiar los límites y un poco por el alivio de conocer ya la inevitable respuesta: «¡No!».

Ese «no» creó mi base segura. Gracias papá.

A los seis años, Anna era una niña muy envidiada por sus amiguitos. Podía bajar al patio cuando quería y si no hacía las tareas nadie la regañaba; por la noche, además, podía ver la televisión hasta tarde sin ningún problema. Se consideraba a Anna como una gran afortunada, pero ahora que es adulta recuerda su infancia como una época muy triste. No se sintió nunca una niña libre, sino más bien obligada a la soledad. Hoy es una madre que participa mucho en la vida de sus hijos, porque quiere dejarles una herencia única, la de la presencia y la importancia del compartir.

Desde los cinco años y hasta los quince, el padre de Michele le pegaba.

«Cualquier pretexto era bueno para pegarme. Cuando oía abrirse el portal empezaba a ponerme nervioso, sabía que en unos minutos estaría en casa. Me juré a mí mismo que un día yo sería un padre equilibrado y respetuoso.»

Michele ha dado un vuelco a su guion, afrontando el cambio más importante de su vida. Hoy tiene una niña a la que ama y es un padre cariñoso y eficaz.

Volver a ver a nuestros padres bajo esta óptica permite a cada uno de nosotros conocerse a fondo y ser más conscientes en la relación con nuestros hijos. Si una persona recibió castigos físicos en la infancia, de adulto podrá prometerse que no dará nunca un azote, pero, a pesar de las buenas intenciones, en determinados momentos de cansancio podría escapársele alguno hacia su hijo, creándole un enorme sentido de culpa.

Desgraciadamente, ocurre a menudo que la huella recibida de niños por un padre severo o incluso violento salta fuera aunque nos demos cuenta de cuánto nos hizo sufrir; mirar a la cara a estos aspectos es el único modo de intentar cambiar el camino y no repetir el esquema que nos hizo tanto daño cuando éramos niños. No es nunca fácil y sin duda requiere tiempo: además de adquirir paciencia con nuestros hijos debemos concedérnosla también a nosotros mismos, sabiendo que esta transformación es una auténtica revolución porque en la vida se aprende mucho más del ejemplo que de las palabras.

Lo importante es recordar siempre que el amor por nuestros hijos puede hacernos capaces de realizar incluso pequeños milagros, y que la libertad que les regalaremos se reflejará inevitablemente en un espacio de libertad mental también para nosotros.

Niños dando la lección

Una de las experiencias más importantes que puede darnos la relación con los niños, ya sea como padres o como educadores, es la posibilidad de verlos emprender el vuelo con alegría y seguridad moviéndose bien en ámbitos en los que nosotros, por el contrario, no nos sentimos cómodos.

¡Qué bonito es emocionarse al ver a un hijo dibujar con soltura, mientras nosotros no conseguimos nunca ir más allá de la casita con la chimenea humeante!

Un poco como en el cuento del patito feo, en ciertos momentos en los que su talento se está manifestando, nuestro hijo podría parecernos extraño, incomprensible e incluso «singular», mientras que está solo atravesando fases en las que emergen esos rasgos que le hacen absolutamente único y maravilloso, genial.

Cuanto más alejados están sus intereses de los nuestros, mayor es la ocasión de enriquecimiento para toda la familia y una fuente de intercambio y de crecimiento recíproco.

Estoy profundamente convencida de que la verdadera educación parte de una puesta en cuestión de nuestra actitud en relación a los niños: el mejor camino es justamente el que ellos sabrán indicarnos y en el que nos harán de guía.

El profesor Giovanni Bollea ha contribuido a la creación de un nuevo pensamiento sobre la infancia que esté siempre del lado de los niños.

Hace ya varios decenios, el profesor Bollea insistía en la idea de que la costumbre de presentar una imagen negativa y pesimista sobre las nuevas generaciones no beneficiaba a nadie, porque de hecho creaba una fractura insalvable entre los «mayores» y los jóvenes, a los que este tipo de mirada restaba confianza y comprensión. Para él era muy importante que los educadores, recordando su propia experiencia de niños, no olvidaran nunca que hay momentos muy duros en la edad de crecimiento y que justamente no es nada fácil ser hijos.

Solo construyendo día a día una buena relación de confianza mutua se puede esperar una ayuda recíproca de manera que la familia siga siendo un equipo unido, aceptando la imperfección de los niños del mismo modo que la de los mayores y apostando por la presencia y el compromiso cotidiano.

Si para nosotros los adultos es importante creer en los niños es igualmente esencial que ellos crean en sí mismos. Para favorecer la autoestima en el niño y reforzar nuestro diálogo hay muchas cosas que podemos hacer, algunas verdaderamente sencillas, aunque no por eso menos potentes:

- escucharle y aceptarle en lo que es realmente;
- reconocer y valorar aquello que es y aquello que hace;
- favorecer experiencias de éxito;
- trabajar sobre la visión y la comprensión de puntos de vista diferentes;
- hacerle sentir capaz en algo que entra verdaderamente dentro de sus posibilidades;
- crear ocasiones de ocio para estar juntos con satisfacción recíproca;
- reconocer su esfuerzo, sus elecciones y su recorrido;
- ayudarle a vivir el error como una ocasión de aprendizaje y no de fracaso;
- recordarle cuánto le queremos y abrazarle a menudo. Amarle y hacerle sentir digno de ser amado, ¡no por lo que sabe hacer, sino simplemente por lo que es!

El cuerpo no miente

Puede ocurrir que los padres, concentrados en tratar de comprender a nuestros hijos, acabemos por estar demasiado ligados a lo que escuchamos y olvidemos que ¡el cuerpo también manda señales fuertes y claras! Es importante descifrar el lenguaje corporal y los padres que observan mucho a sus hijos, sin interferir, adquieren una valiosa competencia de lectura.

«Mamá, no me he enfadado con Rosanna. ¡Está todo bien, de verdad!», respondía Elisa a su madre cada vez que le preguntaba por qué de repente había dejado de hablarle de su mejor amiga. La madre de Elisa entonces había empezado a observar a su hija y a notar que en las diferentes fiestas de cumpleaños de las compañeras de clase se quedaba sola en un rincón y cuando llegaba Rosanna daba señales de nerviosismo.

Esto no significa que no podamos fiarnos de lo que nos dicen nuestros hijos, sino solo que el lenguaje de su cuerpo y su comportamiento pueden ayudarnos a conocer mejor lo que están viviendo.

Al observar cómo se mueve un niño, cómo camina, cómo usa su cuerpo para relacionarse con los demás, podemos comprender muchísimas cosas porque el lenguaje no verbal no miente nunca. Si nuestro hijo vive una situación de cansancio, de agobio, de malestar, lo expresará físicamente en primer lugar; no siempre es capaz de decirlo con palabras porque a veces los niños sienten cosas que no saben describir: es por esto que entrenar la mirada sobre ellos se hace verdaderamente importante para poder percibir mejor la situación en la que se encuentran.

En general damos poca importancia a la expresión libre del cuerpo y del movimiento. Dejamos que nuestros hijos vivan la mayor parte de su existencia en una situación estática, encerrados en un coche y sentados en los pupitres del colegio, frente a la televisión, acomodados a la mesa en las comidas, quizá les concedemos una o dos veces a la semana un poco de actividad deportiva, pero los niños tienen que moverse siempre, cotidiana y constantemente, y hay que reconocerle al cuerpo el valor que tiene.

También porque el movimiento, la actividad motora estimula el desarrollo cognitivo y por tanto es importante prever experiencias al aire libre donde el niño pueda expresarse libremente. Correr, saltar, trepar, hoy son actividades fuertemente reducidas, pero necesarias para el bienestar psicofísico de nuestros hijos.

Hace ya un siglo, Maria Montessori escribía: «En nuestro tiempo y en el ambiente cívico de nuestra sociedad, los niños viven muy lejos de la naturaleza y tienen pocas ocasiones de entrar en contacto íntimo con ella y de tener experiencias directas con ella».

Es tarea de los padres crear las condiciones para prever más «sesiones» en el parque y favorecer lo más posible los momentos «verdes». Para los niños es fundamental para comprender la realidad que les rodea y el origen de la vida.

También en el colegio, antes de empezar las clases, puede ser útil que los profesores propongan a los alumnos que hagan algún ejercicio para permitirles que se estiren y se oxigenen. Es muy bueno para el cuerpo, pero también para la mente.

La actividad motora y deportiva es un antídoto contra el cansancio, el contacto con internet y el estrés que se acumula durante el día: es una válvula de escape para los niños y también para los adultos.

Recuerdo los paseos por la playa a primera hora de la mañana con mis padres. El pretexto era respirar aire puro, pero la ocasión alimentaba también las relaciones. Sí, porque el movimiento facilitaba también la conversación entre nosotros. Se empezaba con «Sabes que…» y se llegaba a contarnos de forma auténtica e íntima lo que sentíamos.

Hemos visto ya lo importante que es conceder a nuestros hijos momentos en los que «aburrirse» y momentos de «silencio» para darles el espacio en el que desarrollar la fantasía y la creatividad de manera que sean libres de experimentar los propios talentos.

Esto es, pasear por un bosque, además de ser una excelente forma de recargar pilas, es una buena ocasión para:

- **estimular los cinco sentidos**: el viento en el cabello, el agua fresca de una fuente, el olor de resina de los pinos,

el sabor de una fruta recogida directamente del árbol. Los niños se ven envueltos por un número incontable de estímulos sensoriales muy diferentes y vivos respecto a aquellos a los que están acostumbrados a recibir en la ciudad frente a una pantalla;
- **hacer ejercicio físico**: correr en espacios abiertos y grandes, saltar, trepar. No hay nada mejor para hacer funcionar todos los músculos del cuerpo y llevar a cabo acciones que en el interior de las casas o, como mucho en un gimnasio, es imposible realizar;
- **activar la creatividad y la imaginación**: un temporal imprevisto, una piedra que obstaculiza el camino. Enfrentarse a las dificultades y encontrar soluciones a los problemas imprevistos es una buena manera para desarrollar una mente ágil y elástica, abierta a las ocasiones y a las posibilidades;
- **respetar el ambiente**: observar cómo cambia la naturaleza en función de las estaciones, cuidarla y respetarla. Un niño que crece en contacto con la naturaleza se convertirá en un adulto respetuoso con el ambiente y a favor de las prácticas sostenibles;
- **pasear**: caminar ayuda a dejar que los sentimientos fluyan. Nos ofrece tiempo para reflexionar sobre aquello que hemos vivido y nos impulsa a proyectar aquello que podríamos hacer. Además, pasear en compañía significa abrirse a una escucha profunda. ¿Quién no lo ha experimentado? Caminando junto a nuestro hijo podremos hacer significativos descubrimientos. También cuando hay tensiones en la familia, no hay nada mejor que un paseo por la naturaleza para afrontar con más lucidez y energía los conflictos.

ES INTELIGENTE PERO NO SE APLICA

Una historia significativa de cómo el sufrimiento de un niño puede hacer florecer el talento en estado puro es la de Gillian Lynne, una famosísima bailarina y coreógrafa inglesa que trabajó en algunos de los musicales más importantes, como *Cats* y *El fantasma de la ópera*. Su vida se relata en el libro de Elise Ballard Epiphany: *True Stories of Sudden Insight to Inspire, Encourage and Transform*.

Cuando era niña, Gillian atravesó una época de gran dificultad. En el colegio no conseguía concentrarse, estaba nerviosa, no se integraba bien en la clase, su rendimiento era bajo en todas las asignaturas, y así los profesores se vieron obligados a decir a los padres la fatídica frase: «Es inteligente, pero no se aplica». ¡Un tormento que sigue en boga todavía hoy!

La madre de Gillian, preocupada, la llevó a ver a un especialista. Después de una larga charla en la clínica, durante la cual la niña no conseguía estar un minuto quieta en la silla, el médico anunció que tenía que hablar un momento a solas con la madre y dejó a Gillian sola en su despacho con la radio encendida.

Apenas salieron al pasillo, el doctor sonrió a la madre y se limitó a señalar a la niña, la cual, en cuanto se quedó sola en la habitación, se levantó y se puso a bailar al ritmo de la música.

«Señora Lynne, Gillian no está enferma, es bailarina. ¡Llévela a una escuela de danza y verá como se cura al instante!»

8

¡Errar es de sabios!

> «Los padres que invierten emociones positivas en los juegos de sus hijos infunden en ellos la seguridad de que de mayores serán capaces de hacer frente a las tareas de la vida adulta. Esa seguridad nace en el niño de la satisfacción de estar haciendo un juego bonito, importante, de gran sentido, y está alimentada por la confirmación que recibe a ese respecto por la paralela satisfacción de los padres.»
>
> Bruno Bettelheim

Lo importante no es ganar, sino divertirse

Nuestro objetivo es que nuestro hijo tenga confianza en sí mismo, prescindiendo de los resultados, y no solo cuando «funciona», cuando tiene buenas notas y todos le dicen que es muy listo. Para ayudarle a crecer como una persona sólida y positiva, es fundamental que consiga afrontar con espíritu correcto también los momentos de fragilidad y dificultad que inevitablemente se nos presentan a todos.

Por ello, los padres debemos dar un paso atrás y no caer en la tentación de proteger siempre y en cualquier caso a nuestro hijo: creer en él significa hacer que afronte con autonomía la superación de obstáculos y desarrolle la capacidad de hacer frente a los fracasos sin perder la estima de sus capacidades.

También porque la competición la encontramos ya en todos los ámbitos y nuestros hijos se exponen muy pronto a una exigencia de confrontación exasperada con los demás. Y, seamos claros, tener confianza en uno mismo, hoy, es realmente difícil.

«Está bien, pero no me interesa tu nota, quiero saber qué le han puesto a tu compañero de banco en el examen» o «Tu amiga Sara hace siempre caso a su madre, no como tú», o bien: «No lo entiendo, ¿por qué Paolo está todo el rato jugando y tú te quedas sentada en el banco?». Muchas veces, sin que casi nos demos cuenta, salen de nuestra boca frases de este tipo y en apariencia no deberían perturbar la calma de nuestros hijos, pero, a largo plazo, pueden comprometer su autoestima y llevarlos a vivir con una cierta preocupación la comparación con los demás.

El niño es curioso, quiere profundizar, quiere compararse y el juego puede convertirse en el mejor espacio para aprender, porque divirtiéndose toda experiencia se vive de forma positiva. La competición, en su acepción negativa, pertenece al mundo de los adultos, por lo tanto hay que tener mucho cuidado de no caer en la trampa de transmitir esta actitud a los hijos, a través del ejemplo o de frases como: «¡Muévete o llegarás el último!», «Tienes que ganar a todos», «Esfuérzate más, tienes que ser la mejor». Estas exigencias son en realidad máscaras que ocultan los deseos de los adultos.

Al obligar a nuestro hijo a competir a toda costa para superar al compañero, le forzamos a crecer en sistemas que no comprende. Lo que entiende muy bien, por el contrario, son nuestras expectativas: es por esto por lo que se tira de cabeza en la dirección de las pretensiones del adulto, con tal de no desilusionarle.

Estaba en lo cierto cuando decía que no es fácil tener hijos hoy en día, ¿no?

Tras estas breves reflexiones, los padres se preguntarán: ¿entonces, la competitividad es buena o no?

Si se entiende como posibilidad de confrontación con uno mismo, con la voluntad de alcanzar los propios objetivos, puede ofrecer márgenes de mejora, pero creo que debe vivirse y canalizarse de manera equilibrada.

De no ser así, tras ciertas presiones y exigencias de los adultos, los niños empezarán a integrar la idea de que en el mundo o se es vencedor o se es perdedor. Y hoy, fallar, perder, quedarse atrás es casi visto como una condena, por lo que el niño empezará a utilizar todas las estrategias posibles, lícitas y a veces menos lícitas, para no pertenecer a la categoría de los perdedores.

Pero ¿perder es tan terrible? ¿Por qué hay tantos niños y adultos que lo viven como un fracaso personal? Intentemos darnos una respuesta. ¿Cuáles son los mensajes enviados a los niños y a los adultos a los que les cuesta aceptar ciertos veredictos? Ese «Sé perfecto» que de vez en cuando se inculca puede crear en verdad una auténtica repulsión hacia las experiencias donde no se destaca de manera excelente. Quizá tomar distancias de la búsqueda de la perfección puede ser una buena premisa.

Y la historia está llena de ejemplos en los que a partir de un fracaso han surgido aprendizajes sorprendentes y renacimientos.

Un día, Marco fue invitado a comer a casa de un amiguito. Recuerda todavía el tercer grado al que le sometió la madre sobre las prestaciones del hijo en el ámbito escolar: quería saber a toda costa quién era el mejor de la clase.

Marco no quería desilusionar a aquella señora y así, entre bocado y bocado dijo el nombre del amiguito. La expresión de la madre dejaba ver lo feliz que la había hecho y la comida concluyó en un clima sereno y distendido.

En su interior, no pudo evitar hacer una comparación con sus padres. La libertad de ser uno mismo, sin ninguna pretensión era el mayor don. Y hoy, como padre, como marido y como hombre recoge todavía los frutos de ello.

Aquello que puede marcar la diferencia por nuestra parte es evitar la exigencia excesiva y la costumbre de dar reconocimiento a los niños solo y siempre en base a los resultados escolares, deportivos o en general a todas las actividades que desarrollan, incluida la interacción con los compañeros.

Si cuando llega a casa con un diez se le eleva a los cielos y cuando tiene una mala nota se le defenestra, no debería sorprendernos si nuestro hijo empieza a vivir la escuela con una cierta dificultad. En ese punto, los niños aprenden incluso a interiorizar esa ansia de prestación, exigiéndose muchísimo a sí mismos y sintiéndose culpables o nerviosos si tienen la sensación de no estar a la altura de aquello que en su idea representa un «justo» resultado.

Una buena consciencia puede ayudarnos mucho en nuestro recorrido de educadores: si un padre sabe que es muy competitivo e incluso si no lo es, pero se da cuenta de que su hijo muestra una cierta fragilidad en este aspecto debería empezar a trabajar enseguida sobre ello, para liberar al niño de un grueso fardo que podría bloquear su expresividad y su manera de ser.

Muchos «dolores de tripa» de los niños nacen justamente porque crecen en ambientes extremadamente competitivos.

En estos casos, es necesario trabajar día a día para hacer llegar a nuestro hijo que lo que cuenta no es su resultado o la nota del examen, sino el trayecto recorrido hasta llegar ahí. Esto no significa que todas las situaciones sean alabadas, más aún, hay que gratificar con sentido; a menudo nuestra tarea de educadores es justamente la de acompañar al niño dándole soporte y valor para estimularle a ir más allá, pero el elemento crucial es la colaboración: un espíritu alegre y relajado marca la diferencia.

A mis niños les digo siempre, si Pierre de Coubertin, el fundador de los Juegos Olímpicos modernos, afirmaba que lo importante no es ganar, sino participar, para mí lo importante no es ganar sino hacer las cosas con pasión y estar contentos: es ese el verdadero valor añadido. En pocas palabras, se puede ser vencedores sin vencer. Hoy, enseñar que la victoria no está siempre alineada con el resultado, sino con la satisfacción del recorrido hecho y el logro de un objetivo personal, puede marcar la diferencia. Venzo no cuando derroto al adversario, sino cuando siento que he vivido una buena experiencia y me he divertido.

¡El error es necesario!

Tanto en calidad de progenitor como de profesor, es extremadamente importante mostrar a los niños que es posible equivocarse; incluso si nos esforzamos en hacer las cosas bien y con mucho cuidado, nuestro intento tiene siempre unos límites. Perderse, tropezar, caer, son todas etapas formativas en la vida de cada uno de nosotros. El límite entre la atención y las expectativas sobre los resultados es muy sutil, pero esencial para permitir que el talento florezca de la mejor manera.

De hecho, el error no debe ser ignorado con su acepción negativa («Bueno, vale, no me interesa»), sino considerado bajo un punto de vista diferente, como una ocasión de crecimiento y una etapa crucial en el recorrido de experimentación. Decir a un hijo con una sonrisa «No importa si te has equivocado», y luego darle apoyo para que partiendo de ese punto pueda mejorar, ayuda al niño a ver el error como una oportunidad y no como un drama.

Con esta actitud, es sin duda más fácil (¡o menos difícil, según el punto de vista!) tratar de educar a nuestros hijos en la idea de no venirse abajo frente a las dificultades y no caer tampoco en el aspecto opuesto de dejarse vencer por la pereza, sino estimularles permaneciendo en cualquier caso de su parte y dejando que sean ellos mismos los que encuentren las soluciones más eficaces.

Permitir que experimenten el fracaso significa también ayudarles a conquistar autonomía. Los hijos que no se equivocan no se conocen, si no se pierden, no reencuentran el camino. Si en un momento negativo conseguimos encontrar la manera para permanecer a su lado sin sustituirles incluso en términos emocionales, dejaremos un espacio para que sientan qué es lo que provoca en ellos esa emoción, sin protegerles a toda costa de la rabia, de la tristeza o de la frustración al primer obstáculo que encuentren en el camino.

De vez en cuando, frente a un pequeño fracaso, podemos decirles: «¿Cómo te sientes? ¿Y qué piensas hacer?». Los niños tienen más recursos de lo que imaginamos. Confiar en ellos es educarles en la autonomía y en la responsabilidad.

Marianna se había burlado de nuevo de Verónica delante de todos y Verónica, por enésima vez, no había sido capaz de rebatirla. Su amiga Ludovica le dijo que era de perdedores no decir nada, pero ella, en su interior, sentía que no era así. O más exactamente, ella quería responder a las provocaciones de una manera diferente respecto a los consejos que recibía de las amigas y de los padres.

Sentía que necesitaba tiempo, tenía que entender mejor sus emociones, y el día que se sintió preparada, respondió para defenderse con sus propios argumentos. A su manera. El haber encontrado el camino para resolver la situación le hizo sentirse más fuerte e independiente del juicio de los demás.

Los adultos podemos simplemente acompañarlos, hacerles percibir que nuestra presencia es sólida y que no les abandonamos en las dificultades, pero sin censurar o pretender que escondan el sufrimiento que sienten frente a un problema o a un momento en el que las expectativas no se hacen realidad.
¡Entre otras cosas, porque es objetivamente muy difícil para un niño estar a la altura de todas las exigencias que se le plantean! Queremos que nuestro hijo tenga buenas notas, que ayude en casa, que esté siempre sonriente, que sea amable, que responda de forma educada cuando le interpele un adulto, que sea un líder positivo con los otros niños, que sepa mediar, que cuando un compañero le moleste logre responder de manera adecuada. Muchas veces pedimos a nuestros hijos todas estas cosas, sin darnos cuenta de que un niño que está creciendo se despierta por la mañana y se enfrenta a un trabajo casi más arduo que el de un adulto.
Frente a este esfuerzo, mirar de frente a los momentos más difíciles para vivirlos de la mejor manera se convierte en uno de los recursos más valiosos que podemos ofrecer a nuestros hijos. Un niño no debería estar ni sobre el pedestal de héroe siempre perfecto a toda costa, de puntillas y con la respiración contenida por el temor de caer y defraudarnos, ni en los abismos del «Total, ya sé que no puedes, déjalo» o bien «Eres un desastre», sino en ese punto medio donde pueda ser tranquilamente él mismo.

¿Qué podemos aprender de los fracasos?

Pueden darse muchos cambios o dificultades en bandas de edad más sensibles, o al presentarse situaciones desagradables, en las que el niño se cierra en sí mismo porque quizá no se sienta escuchado y comprendido.

La vida va muy deprisa y a cualquier progenitor puede ocurrirle que se quede unos pasos atrás y se pierda cosas de la cotidianeidad y de las experiencias de su hijo: un mosaico que se recompone con el tiempo y con el amor y el esfuerzo. Hoy el progenitor debe conseguir estar presente incluso aunque no lo esté físicamente, sino dando un apoyo profundo e incondicional para permitir al niño que se sienta capaz de andar paso a paso su camino por el mundo. La aceptación es fundamental, porque si nuestro hijo se siente libre de expresarse en la familia, también fuera de ella el fracaso para él no será algo que le arrolle y le quite dignidad, sino un tropiezo del que puede levantarse quizá cambiando el camino.

Con esta óptica se hace todo más ligero, porque le preparamos para enfrentarse el día de mañana a desafíos importantes sin temor a perder o alterar su identidad. Sólido y seguro de nuestro amor, podrá afrontar las pruebas con la cabeza alta y la certeza de poder ir más allá, tanto si se trata de la desilusión por una competición perdida o por un amigo que le da la espalda o se burla de él.

Cuando Simona y sus padres vieron el suspenso en el tablón de las notas, fue un jarro de agua fría para los tres. Sabían bien que el curso había sido muy duro para ella, pero esperaban que su buena voluntad para tratar de remediar las dificultades hubiera sido premiada, y sin embargo no fue así. La desilusión de la niña fue tan grande que rogó a sus padres que la cambiaran de colegio, ya que en cualquier caso tendría que cambiar de compañeros de clase. Fueron necesarios años para que la sensación de incapacidad dejara lugar a la conciencia de que, en definitiva, incluso el momento más oscuro de su recorrido en los estudios le había servido de enseñanza. De hecho, ponerse a prueba con un fracaso y luego conseguir adaptarse a un ambiente nuevo, partiendo de cero con las amistades y con un renovado impulso en los estudios, le permitió adquirir el valor para enfrentarse a muchos pequeños y grandes desafíos en el transcurso de su vida.

Hoy es profesora de instituto y sus alumnos la adoran: quién sabe si habría tenido tanta empatía y sensibilidad con ellos, si no hubiera vivido aquella experiencia tan dolorosa tiempo atrás.

El ser humano tiene potencialidades extraordinarias y la historia de Simona es un ejemplo. Pero entonces, ¿el suspenso es bueno o no?

Hay experiencias de renacimiento desde situaciones complicadas, pero como maestra de escuela primaria no he creído nunca en el valor educativo del suspenso, que para mí puede ser incluso contraproducente. El alumno se encuentra perdido: pierde confianza en sí mismo, se siente excluido del proyecto escolar y pierde motivación para proseguir su camino.

Un estudio publicado en el *British Educational Research Journal* por investigadores de la Universidad de Sídney, afirma que más que suspender a los estudiantes, convendría adoptar con ellos un acercamiento educativo basado en acciones estudiadas, que les ayude a «volver a la pista».

Además, muchas veces se hace difícil que resulte fecunda la toma de conciencia de un fracaso personal muy fuerte, con el agravante de ser reconocido por todos los demás. Los chicos se sienten señalados y a menudo perciben emociones muy diversas: disgusto, rabia, miedo. En esos momentos, más que nunca, la proximidad del progenitor o del profesor marca la diferencia.

Ayudarles a vivir el fracaso como parte del recorrido, en el que se trata de no repetir los errores del pasado pero sin culpabilizarles ni levantar un muro entre ellos y los adultos, puede ser uno de los grandes desafíos de nuestro papel educativo.

¿El talento puede ser resiliente?

Según el diccionario, la resiliencia no es solo la capacidad de un material para resistir una perturbación sin romperse, sino también en sentido psicológico, la «capacidad de adaptación de un ser vivo frente a un agente perturbador o un estado o situación adversos».

Al pensar en resiliencia es inevitable recordar a Anna Frank, extraordinaria adolescente que afrontó las adversidades de manera lúcida, responsable y valiente. Gran ejemplo que merece ser reconocido por todo aquello que puede enseñarnos cada día. Así, el 11 de abril de 1944 escribía en su diario: «Sé lo que quiero, tengo un objetivo, una opinión, una fe y un amor. Dejadme ser yo misma y seré feliz. No seré nunca insignificante, ¡trabajaré para el mundo y para los hombres! ¡Y ahora sé que el valor y la alegría son las cosas más necesarias!».

Hay que contar a nuestros hijos la historia de Anna Frank para darles toda la herencia emocional, afectiva, intelectual, histórica y espiritual que ella nos dejó.

Los padres querríamos evitar el sufrimiento a nuestros hijos, pero es indudable que una infancia entre algodones y demasiado protegida no les ayudará a preparase para afrontar los problemas que podrán encontrarse a lo largo de su vida.

Entrenar a nuestros hijos en la resiliencia significa no solo hacer que no se caigan ante los momentos oscuros y difíciles, sino permitirles también que encuentren soluciones alternativas e innovadoras en sucesos negativos y traumáticos.

Desde luego no ayudamos a nuestros hijos si somos los primeros en vivir con preocupación y ansiedad cualquier momento de experimentación o de desencuentro con los demás por parte de ellos. Para darles apoyo en las pruebas que tendrán que afrontar, la mejor estrategia es darles confianza y responsabilizarles para buscar la mejor solución, secundándoles pero no encontrándola en lugar de ellos. El progenitor que lo sabe todo, que interviene siempre con la modalidad más apropiada, será sin duda encantador y atento, pero no ayuda al niño a identificar las herramientas para conseguirlo.

Si en el momento del error o del fallo somos capaces de animarle y permanecer junto a él con nuestra experiencia («Puede ocurrir, tranquilo, a mí también me pasó una vez»), esto le dará una gran energía y le hará descubrir que también cuando se tropieza se pueden vivir experiencias positivas.

Por supuesto, para educar a nuestros hijos en la resiliencia no debemos esperar a que ocurran eventos negativos o traumáticos, sino que podemos encontrar puntos para trabajar sobre ello en cualquier momento de modo que los niños estén preparados para afrontar con autonomía los pequeños desafíos de la cotidianeidad.

He aquí algunas palabras que pueden inspirarnos:

- **Libertad:** dejemos libre al niño para que experimente, se equivoque y vuelva a probar. Y el juego es el mejor campo de prácticas.
- **Espera**: entrenémosle en la espera. El tiempo le ayuda a

hacer elecciones que prevean una reflexión y también a tener la paciencia de esperar a que ciertas elecciones surtan los efectos deseados.
- **Empatía**: eduquémosle en la empatía, a ponerse en el lugar del otro, para que experimente lo que otros sienten.
- **Novedad**: hagamos que viva situaciones nuevas, de manera que pueda salir de su «zona de confort».
- **Responsabilidad**: animémosle a la responsabilidad, a afrontar con autonomía los pequeños compromisos (preparar la cartera, hacer las tareas, mantener la palabra dada, cuidar de un animal, etcétera).
- **Gratitud**: enseñémosle a expresar gratitud por aquello que vive y a obtener beneficio de ello incluso en los momentos más difíciles.
- **Relaciones**: favorezcamos que esté con otras personas. Nuestras vidas están hechas de cruces y uniones, cuanta más posibilidad de comunicación tenga el niño, más aprenderá a encontrarse bien con otros, incluso pasando por momentos difíciles o de conflicto.
- **Ejemplo**: los niños aprenden observándonos, por ello nuestro ejemplo se hace muy importante.
- **Emociones**: respetemos sus emociones. No se las neguemos. Un niño que siente una emoción, le da un nombre, determina cómo se siente y cómo puede actuar. «No puedes estar triste», «¡Qué feo te pones cuando te enfadas!», «Por favor, para de reír» son frases que alejan al niño del conocimiento de sí mismo.

En este recorrido los padres son fundamentales, pero también los profesores pueden hacer mucho, más aún, a veces un apoyo externo al núcleo familiar da a los niños más fuerza. Para un niño que tiene problemas con el estudio es fundamental ver que el adulto reconoce sus emociones porque es capaz de sintonizarse empáticamente con él y demuestra confianza en sus capacidades.

Frente a una mala nota, el papel del progenitor no es decir: «Mañana voy a ir a ver a tu maestra porque no es posible que lo hayas hecho tan mal», ni hacerle sentir mal porque no ha alcanzado el resultado. Para ayudarle a que la próxima vez él pueda conseguir funcionar mejor en cualquier contexto que se halle, podríamos probar a decirle algo como: «Estoy seguro de que en el próximo examen tratarás de trabajar con más atención», y luego «¿Te apetece decirme cómo has pensado prepararte para los próximos exámenes?» y dejar que sea también él el que encuentre sus respuestas.

Los profesores asistimos continuamente a sorprendentes avances: basta cambiar el acercamiento, creer más en ellos y *voilà*, nos encontramos con que están listos y llenos de fuerza para afrontar la escalada. Los milagros del «Ánimo, que tú puedes. Mírame a los ojos, de verdad que confío plenamente en ti». Y, aunque los cambios no se den en términos de «resultados», somos conscientes de que ver a un niño que lo pone todo de su parte y comienza a tener fe en sí mismo, tiene grandes potencialidades.

Sentir una presencia solidaria a su lado, en vez de unos ojos clavados en él que evalúan cada milímetro de su modo de actuar, puede en verdad cambiar muchísimo la perspectiva de los niños y hacerles sentir libres de experimentar incluso esa inevitable parte de caos y de agobio cuando se emprende algo nuevo o particularmente complejo. ¡Porque también esta es una parte del talento, y una de las más interesantes!

El talento requiere esfuerzo para ser conocido y reconocido: por eso resulta vital educar a nuestros hijos para afrontar positivamente los problemas y los momentos más difíciles, haciendo nacer en su interior un acercamiento resiliente.

Una buena capacidad de resiliencia puede marcar la diferencia, porque el talento y las pasiones cambian con el paso del tiempo; si un individuo no se esfuerza y quizá frente al primer obstáculo abandona, está claro que no podrá tener nunca la actitud adecuada para poder vivir, reconocer y valorar sus propios talentos.

¡Papá también se equivoca!

> Toda la familia está sentada a la mesa; hay invitados para la cena, unos viejos amigos de papá Emilio. Charlan y hacen bromas, hasta que en un determinado momento empiezan a contar divertidas anécdotas de cuando eran compañeros de clase en el instituto. Surge entre grandes risas el año en el que a Emilio le suspendieron dos asignaturas en junio y en ese momento Massimiliano, su hijo mayor adolescente, se queda literalmente con la boca abierta. El amigo de su padre se apresura a cargar las tintas: «¿Creías que tenía siempre dieces, verdad? Jajaja. ¿Que ya desde pequeño iba por ahí de triunfador? ¡Pues ya ves que no era así exactamente!».

El estupor de Maximiliano nace del hecho de haber imaginado siempre que su padre era una especie de superhéroe ya desde niño, porque en casa no había surgido nunca la ocasión de escuchar estos relatos.

Desde un punto de vista, Massimiliano estaba disgustado al haberlo descubierto, porque su padre no le había mostrado esa parte de sí mismo, pero enseguida empezó a mirarle con una sonrisa. ¡Al final, también él era humano!

Los padres no debemos olvidar nunca que somos un ejemplo crucial para nuestros hijos, por eso a ellos les gusta tanto escucharnos cuando hablamos de nuestra niñez; no solo de cuando hicimos algo bueno y especial, sino sobre todo de los momentos en que nos equivocamos o tuvimos algún contratiempo en el que ellos pueden reconocerse y sentir que somos más accesibles y estamos emocionalmente más cerca.

A veces para hacernos más parecidos a ellos basta con un episodio cómico. Mi hija, por ejemplo, se divierte muchísimo cuando le cuento cómo conocí a su padre: tropezando con una alfombra y cayendo literalmente en sus brazos.

«¿Sabes que una vez me sentí mal cuando se burlaron de mí?» dice Luciano a su hija Alessia.

Alessia, muy sorprendida, responde: «¿Se burlaron de ti? ¿Por qué?».

«Porque llevaba gafas y me llamaban cuatro ojos, yo lo pasaba muy mal. Fue una época muy difícil y muchas veces estaba triste.»

Dar a nuestro hijo un retorno emocional y hacerle sentir lo que nosotros experimentamos es funcional para él, porque se siente menos solo respecto a lo que está viviendo. En su cabeza, el niño dice: bueno, si esto le pasó a mi madre o a mi padre (se sobreentiende que para mí son los superhéroes más grandes del mundo) puedo contarles lo que me ha pasado porque ellos sin duda me van a entender.

Luca pensaba que su padre le castigaría, después de haber desobedecido una vez más sus reglas. Sin embargo, él le había sorprendido con una actitud nueva, escuchando lo que estaba viviendo, con una frase inesperada: «Yo creo que lo que ocurre es que estás triste, cariño». El padre había comprendido que en aquella época él se sentía terriblemente solo. Sentirle tan próximo y dispuesto a ayudarle fue para él el gran impulso del cambio.

A través de la repetición, de la reformulación de aquello que el niño cuenta sin interpretación y juicio, un progenitor que utiliza la escucha activa podrá encontrar la mejor manera para instaurar un clima relacional positivo. Usar la técnica del espejo favorece la apertura al diálogo y al intercambio y permite al niño sentirse verdaderamente escuchado y aceptado.

Como escribió Carl Rogers: «Cuando una persona entiende que es escuchada profundamente, sus ojos se llenan de lágrimas. Yo creo que, en un sentido muy real, llora de alegría. Es como si estuviera diciendo: "Gracias a Dios, alguien me escucha. Alguien sabe lo que significa ser yo mismo"».

No al ansia de prestación

Por tanto, si nuestro hijo vale por aquello que es y no por sus resultados, estos podrán ser, según los casos, buenos, deprimentes, fallidos o entusiastas. En cada vida coexisten recorridos diferentes y resultados distintos. Es cómo se viven las diferentes experiencias lo que ayuda a crecer, adquiriendo conocimiento de uno mismo y nuevas modalidades para afrontar el viaje de la vida. Cuando conseguimos estar lejos del ansia de prestación reflejada sobre ellos, lo que cuenta es el proceso creativo que están afrontando y sobre todo la alegría que sienten al seguir sus pasiones.

Animarles a dedicarse justamente a aquello que les atrae y les provoca curiosidad significa enseñarles que si les encanta el esquí tendrán que aceptar inevitablemente una serie de caídas antes de llegar a un cierto tipo de estilo, y que en estos casos la actitud más correcta es una simple risotada, quizá compartida.

Si les gustan los rompecabezas, probarán a colocar cien fichas antes de encontrar la correcta, pero ya el mismo proceder de la curiosidad y del gusto personal les llevará el día de mañana a volver a comenzar de cero al emprender algo nuevo. La práctica que nos permite vivir y desarrollar el talento está construida sobre los intentos, sobre las imperfecciones y sobre los fracasos, paso a paso.

La actitud contraria es muy peligrosa, porque puede llevar a los niños a sentirse tan atemorizados respecto a los desafíos que perciben como difíciles o gravosos que desistan de entrada sin ni siquiera llegar a intentarlo. Está claro que ese tipo de acercamiento no puede hacer más que debilitar a una persona y bloquear muchos aspectos de su crecimiento.

¿Y nosotros? ¿Cuánta libertad damos a nuestros hijos de equivocarse, de no entender algo, de sufrir un fracaso pequeño o grande? ¿Les estamos educando para conocerse y para cultivar sus talentos? Sí, porque justamente cuando uno se equivoca, se cae, fracasa hay grandes posibilidades para iniciar un nuevo recorrido que vaya en la dirección del talento.

Y nunca es demasiado tarde para ayudar a los niños a ser más confiados a la hora de afrontar las novedades, y si nosotros en primer lugar conseguimos cambiar de actitud, ellos nos sorprenderán adecuándose a una velocidad que no habríamos imaginado nunca y siguiéndonos con entusiasmo. Bastan pequeñas diferencias para incentivar a nuestros hijos a emprender ese camino de crecimiento y de compromiso que podrá llevarlos a expresar de forma libre y eficaz todos los talentos que se presenten en su vida.

¡BUENA VIDA!

Joanne Rowling creció entre libros, porque sus padres adoraban leer; tenía seis años cuando escribió su primer cuento, la historia del conejo Rabbit. Ya adulta, recordó su antigua pasión por la escritura en el periodo más difícil de su vida: divorciada, con una niña muy pequeña, no tenía trabajo. Mientras buscaba una oportunidad y se mantenía a duras penas con el subsidio de desempleo, rozando la depresión y viendo solo peligros y angustia en su futuro, el esfuerzo que, por encima de todo, le daba un resquicio de alegría de vivir fue justamente la novela que estaba escribiendo.

Fue así como de sus folios de apuntes nació la primera novela de la saga de Harry Potter. Un libro que encontró un rechazo casi total por parte de agentes y editores, que le encontraron mil defectos: demasiado largo, demasiado extraño, demasiado centrado en la magia, demasiado incierta la banda de edad a la que se destinaba. En pocas palabras, ¡demasiado innovador!

Pero el público se enamoró al instante de la historia de Harry, que desde el hueco de la escalera de los tíos donde vivía sin cariño y sin consideración, llega a la escuela de magia en la que podrá descubrir muchísimos talentos que nunca habría imaginado tener, desde los mágicos a los deportivos hasta el don de hacer verdaderos amigos.

J. K. Rowling relató su historia de dificultades y redención a través del esfuerzo y la fantasía en un bellísimo pequeño

> libro, *Buena vida para todos. Los beneficios del fracaso y la importancia de la imaginación*. Dirigiéndose a los licenciados de Harvard, la escritora les invita a experimentar lo más posible, sin temor a fracasar o a crear algo nuevo y especial: solo así, según ella, se podrá tener una «buena vida».

Aprender a pelear y pelear para aprender

Uno de mis referentes, el psicólogo Thomas Gordon, escribió: «Para los hijos, el conflicto es extremadamente más saludable de lo que los padres piensan si se expresa abiertamente y se acepta como fenómeno natural. En las familias en las que esto ocurre, el hijo tiene al menos la oportunidad de vivir el conflicto, de aprender a gestionarlo y de estar más preparado para afrontarlo en los años venideros».

De hecho, como el fracaso, el conflicto es un episodio que el niño, necesariamente, debe aprender a vivir para conocerse y conocer el mundo con el que tendrá que medirse: el punto crítico es justamente la manera en la que se afronta y se resuelve. En su desarrollo, cada niño choca de manera inevitable con el deseo o con la personalidad de los padres, de los hermanos, de los amigos más cercanos, de los profesores o de los compañeros incluso muy diferentes de él.

Un día en el que regresa a casa muy enfadado porque ha discutido con un amigo puede ser una ocasión para aprender una cosa nueva: ante todo a pelear, a vivir la experiencia del conflicto, y luego a relatarla.

En el momento en que la verbaliza está ya elaborando esa dificultad para observarla de manera equilibrada. Sin embargo, hay que tener cuidado de no caer en la trampa de decirle: «Venga, que no ha pasado nada», porque de ese modo le invitamos a no dar peso al episodio y sería como comunicarle que sus emociones no tienen ninguna importancia. Aún peor sería darle enseguida la razón y ponerse de su parte en contra del amigo.

Entrenar a los niños en considerar a las personas en su complejidad y totalidad es uno de los mayores regalos que podemos hacerles para prepararles para la vida. Considero que es esencial educarles para ver que el otro, en cualquier caso, es portador de recursos, aunque nos encontremos en desacuerdo con él en algunos puntos. Esto se hace aún más importante en el mundo en que vivimos, en el que estamos acostumbrados, en todos los campos, a ver que si el debate se enciende se interviene solo para desacreditar al otro, para mortificar, para atacar o para eludir la culpa.

Construir en el niño una visión de conjunto y una buena capacidad de reelaboración es una gran revolución para su desarrollo, porque en el momento en que vemos al otro como recurso superamos el miedo a quien es diferente a nosotros. En la base de la actitud que nos lleva a desacreditar a los otros y a subrayar aquello que no funciona, está la incapacidad de gestionar la relación. Eso no significa hacer creer a los hijos que van a encontrar solo personas buenas y generosas, sino prepararlos a afrontar los conflictos de una manera equilibrada y lo más objetiva posible.

También en estos aspectos resulta fundamental la diferencia entre un niño responsabilizado y aquel que ha crecido en un contexto donde el adulto tiene la costumbre de sustituirle. Respecto al esfuerzo, al momento de dificultad: «No te preocupes, ya me encargo yo»; respecto al entrenador que no le convoca para el partido: «Ya se ocupa tu padre, ahora voy yo a decirle cuatro cosas al míster»; respecto a una nota inferior a las expectativas, los padres aguerridos piden enseguida un encuentro con el profesor: «Mañana le voy a explicar yo a tu maestra cómo se ponen las notas»; respecto a la amiguita que dice: «Hoy juego con otra niña», el progenitor lo ve ya como exclusión y automáticamente interviene llamando a la otra madre, o incluso aún peor, anuncia: «¡Pues muy bien, no volveremos a invitarla a casa!».

A veces nos sentimos en el deber de proteger y defender a nuestro hijo siempre y a toda costa. Como madre, también yo me esfuerzo para no intervenir en ciertas situaciones, para no decir a mi hija cómo actuar y trato tanto como puedo de dejarle espacio para que encuentre su estrategia personal. Y al final se descubre que la solución elegida por nuestros hijos es siempre la más eficaz.

Es difícil asistir a sus pequeños sufrimientos, incluso a un simple desacuerdo o a un momento difícil, especialmente si recordamos aquello que nosotros sentíamos a su edad.

> Elvira recuerda como si fuera ayer que una compañera de primaria trataba de mortificarla todos los días: le gustaba hacer sentir a los demás que eran poco aceptados en el grupo, y no perdía ocasión para expresar juicios sobre ella y sobre otros niños. Fueron necesarios tres años para que un día Elvira se armara de valor y respondiera a sus provocaciones; se pelearon y fue un momento de gran liberación y de descubrimiento, tanto para Elvira como para ella.
>
> Toda su seguridad se desmoronó al instante. Le bastó que le dijeran: «No estoy enfadada contigo porque percibo que no es fácil ser como tú eres».
>
> Solo hoy, mujer y madre, comprende el significado profundo de aquella frase, pero quizá a su compañera le quedó clara de inmediato. Nunca llegaron a ser amigas del alma, pero fue el comienzo de una relación más sincera y más equilibrada.

Esta experiencia enseña tanto que hoy, como profesora y como madre, siento lo importante que es trabajar sobre el respeto, sobre la empatía, sobre la valoración de uno mismo y del otro, sobre la aceptación y la capacidad de compartir.

Al enésimo reproche, un buen día Luigi respondió a su padre que dejaría de discutir con su hermano solo si él y su madre les dejaban discutir en paz.

Y es así justamente: los adultos nos entrometemos en cuanto surgen las primeras opiniones diferentes, los primeros desacuerdos. Nos asusta la idea de que nuestros hijos discutan, porque en nuestra cabeza deberían quererse muchísimo en cada instante. Sin embargo, la confrontación, la discusión y la pelea tienen también una connotación positiva, porque permiten a nuestros hijos conocerse y relacionarse con autenticidad.

Dar al niño una restitución positiva durante una discusión o una situación de dificultad, significa ofrecerle una herramienta poderosa para gestionar las emociones que surgen del conflicto. Ver el resquicio de entrada de una nueva conexión es algo interesante, que nos permite encontrar un espacio de apertura justo a partir de un momento de dificultad. ¡Más resiliencia, imposible!

9

Valorar los progresos

> «Usa el talento que tienes: los bosques serían muy silenciosos si solo los pájaros bien entonados cantaran.»
>
> Henry van Dyke

El talento premia a quien lo aprecia

¿Hemos imaginado ya qué trabajo podría hacer nuestro hijo o nuestra hija?

Respondamos con sinceridad, sin temer que detrás haya un prejuicio o que si lo tenemos creamos que somos unos pésimos padres: está en la naturaleza humana esperar un futuro de rosas para nuestros hijos, en el que estén bien colocados en la sociedad, tengan a sus espaldas una trayectoria de estudios que les abra numerosas puertas y sean reconocidos por los demás como personas capaces.

Quién sabe, quizá este camino tan lineal que tenemos en nuestra cabeza, puede que sea diferente. La cuestión esencial es ser conscientes de cuáles son nuestros objetivos reales en lo que a ellos respecta: si por encima de todo queremos que día a día se desarrollen cada vez más seguros, libres de elegir y de construirse su propio futuro, tendremos que aceptar que debemos el máximo respeto a sus deseos y a sus sueños.

Hoy son muchos los jóvenes que idealizan el éxito: muchas veces, no les resulta espontáneo pensar «me gusta escribir», sino «quiero ser un escritor famoso»; no «adoro cantar porque me hace sentir muy bien», sino «quiero destacar como artista».

El hecho de convertirse en personas conocidas y reconocidas como «de éxito» es también un augurio que podemos hacer a nuestros hijos, pero no debe ser ese el objetivo de su vida. Más bien, podría ser considerado como la consecuencia de una buena trayectoria conseguida cultivando día a día su pasión.

A veces parece prevalecer el mensaje de que tener éxito significa acceder de inmediato a una vida serena y plenamente satisfecha, como si coleccionar muchos *likes* y estar siempre rodeados de aplausos llevara a la felicidad. Nos toca a nosotros, a partir de las pequeñas cosas, enseñarles cuánto trabajo y cuánta dedicación hay detrás de esas figuras de referencia que a ellos les parece que han destacado sin esfuerzo aparente.

En caso contrario, incluso las dotes más grandes pueden convertirse en un bumerán, porque sin la perseverancia es verdaderamente difícil alcanzar o mantener resultados. Tenemos muchísimos ejemplos de figuras un poco controvertidas, que un día hacen una cosa y al día siguiente la destruyen, mientras por otro lado vemos personas incluso menos capacitadas que con constancia y tenacidad consiguen crear algo que nunca habrían imaginado poder alcanzar.

Podría ser enriquecedor contar a nuestros hijos el ascenso de grandes profesionales de éxito. O bien leer libros sobre personajes que hayan existido realmente y que han expresado un talento extraordinario, historias que son el resultado de un gran esfuerzo. Como por ejemplo Wolfgang Amadeus Mozart, que desde muy pequeño hacía de todo para asistir a las clases de música de su hermana mayor. En estas experiencias descubrimos junto a nuestros hijos que a veces el talento se expresa en las situaciones de gran empeño o sufrimiento: son esos momentos en los que se saca lo mejor de uno mismo y la propia creatividad para encontrar una vía de salida.

En cierto sentido, el talento premia a aquellos que lo aprecian, a quienes no lo lanzan por los aires, a quienes consiguen cultivarlo sin poner en primer lugar el reconocimiento que podrán obtener.

Los castigos obstaculizan el florecimiento de los talentos

No he contemplado nunca el uso del castigo, ni como madre, ni como profesora. Se puede ser un progenitor eficaz sin recurrir a los castigos. Mi modelo educativo puede sintetizarse en dos palabras: dulzura y firmeza. Aceptación incondicional de las emociones del niño y a la vez reglas muy claras para definir roles, espacios y tiempos.

Agradezco a los autores, a los que tanto considero, que han sabido mejor que yo dar voz a aquello que puede generar una educación basada en el castigo. Como Bruno Bettelheim: «El progenitor que, dejándose llevar por las emociones suscitadas en él por la mala conducta del hijo, lo castiga, se lo pensaría dos veces antes de hacerlo y no se sentiría ya como portador de la razón si, en vez de camuflar su gesto como método educativo, se reconociera a sí mismo que se dejó llevar por la emoción».

Se utiliza el castigo porque en lo inmediato parece surtir el efecto deseado: el niño acaba las tareas, porque teme la punición del padre. Pero este es el verdadero dilema: ¿queremos que nuestro hijo haga las tareas porque es su obligación (que habría que tratar de transformar en placer y, creedme, ¡se puede hacer!) o porque teme el castigo de los padres? Recordemos que si deseamos que nuestro hijo crezca autónomo y responsable este no es el camino adecuado.

Un tipo de intervención primitiva genera mucho más daño que beneficio, obstaculizando las dotes de una persona. La punición anula el diálogo, bloquea el canal de comunicación y alimenta en el niño la sensación de desconfianza hacia la figura adulta. El pequeño realiza y acepta las exigencias porque teme la represalia, el juicio y las notas del colegio, pero no porque entienda que ese cambio de comportamiento puede ser importante para él. No creo en una educación que se apoye en el sentimiento de miedo para obtener cambios. El cambio necesita consciencia y responsabilidad.

Todos los niños tienen actitudes negativas justamente porque viven relegados en contextos muy agobiantes, con reglas rígidas que bloquean completamente su libertad de expresión. Sin embargo, el niño es él mismo en los ambientes en los que se siente libre de manifestarse y de crecer en el tiempo. Solo así podrá dar espacio a los talentos y a los intereses que aflorarán también ante los estímulos que encontrará en su camino.

Por ejemplo, el hecho de que un niño a la edad de siete-ocho años no sea un ratón de biblioteca, no quiere decir que el día de mañana no pueda convertirse en escritor: es verdad que el talento de cada uno de nosotros puede tener sus raíces en la infancia, pero es igualmente cierto que determinados talentos no siempre emergen enseguida, necesitan un ambiente adecuado, de aceptación de estímulos y de tiempo. Si recorremos nuestra biografía veremos con claridad las huellas de nuestra madurez en tiempos y formas muchas veces inesperados.

A mí me ocurrió así: recuerdo que mi pasión por la lectura no nació de forma espontánea cuando era pequeña, sino que llegó más tarde. En este caso fue decisivo el ambiente, no solo el familiar, sino también el escolar, porque mi profesor de humanidades en el instituto tenía la capacidad de que sus clases fueran siempre extraordinarias, y además conseguía despertar nuestro interés porque quizá empezaba a contarnos una historia y luego decía: «Bueno y ahora basta, ¡si queréis saber más leed el libro!». Su capacidad de provocarnos y suscitar nuestra curiosidad funcionó muy bien como estímulo, justamente porque no iba nunca en la dirección de la imposición sino todo lo contrario, nos estimulaba para hacer una parte del recorrido solos, siguiendo nuestra curiosidad y decidiendo en autonomía qué profundizar.

¡Hoy le debo a él y a mi madre el perderme y reencontrarme en los libros!

Aprender de su ejemplo significa para mí trazar cada día junto a los niños un recorrido donde lo que más cuenta es dejarles experimentar y no dejar que se basen en nuestro perenne apoyo, pensando que lo importante no es a dónde llegarán, sino cómo llegarán.

El método educativo basado en la escucha activa, en la búsqueda del diálogo abierto requiere más esfuerzo, pero permite nutrir la relación y encontrar una modalidad común de debate.

El niño se hará protagonista activo del recorrido educativo y de forma autónoma escogerá ciertas elecciones en línea con la visión del adulto, porque entenderá por sí mismo que estas actitudes le harán sentirse bien y no porque tema a los castigos del adulto y piense que esa es la única manera de evitarlos.

Para sortear las estrategias de coerción, premio o castigo, podríamos probar a incentivar ciertas actividades simplemente estimulándoles a practicarlas, haciéndole sentir parte activa. Si un niño puede elegir el cepillo de dientes que prefiere o poner una música que le encanta cada vez que llega el momento de poner orden, le ayudaremos a asociar esas actividades a una rutina agradable y de la que se siente dueño plenamente, en vez de algo que se ve obligado a hacer y que por tanto le suscita de inmediato repulsión y rechazo.

El niño aprende así a quererse y a reconocer que tiene valiosas cualidades y recursos.

Tampoco satisface el premio a largo plazo. Muchas veces, de hecho, el premio surte el efecto contrario al buscado, porque no empuja al niño hacia la dirección de aprender según sus inclinaciones, sino hacia aquello que el otro le ha pedido que haga. Esta actitud un poco pasiva, a la larga restringe el deseo de explorar y por tanto de reconocerse y encauzar las propias cualidades. El niño se esfuerza por alcanzar la recompensa y no para dar espacio a las propias inclinaciones y sentir el placer de descubrir, por lo tanto el objetivo final no es el proyecto, o la infinita posibilidad de crecimiento que puede abrirse para él, sino el premio en sí.

No acudamos entonces al premio de forma sistemática, es decir, como medio para alcanzar un objetivo («Si te portas bien te compro…», «Si te acabas el plato tendrás un regalito»). El niño debe comportarse bien (no dar empujones a un amigo, colocar los juguetes, comer sentado, etcétera) simplemente porque le permite estar bien consigo mismo y con los demás.

Es importante hacer sentir a los niños que son capaces y dignos de ser amados. Como afirma Thomas Gordon: «Los padres que aprenden a manifestar una sincera aceptación del hijo a través de las palabras, disponen de un instrumento que puede producir resultados extraordinarios».

Es justo reconocer su valía si nuestro hijo demuestra una cierta atención, empeño y pasión en su vida, pero es más funcional manifestar la valoración con palabras que con un premio:

«¡Has hecho una evolución excelente, cuánto esfuerzo!». Si es importante gratificar a nuestros hijos, es igualmente importante no exagerar. Considero esencial ayudarles a reflexionar sobre sus comportamientos para conseguir que sean ellos mismos los primeros en reconocer su valía. Podemos ayudarles a adquirir este mecanismo desde pequeños, preguntándoles cómo se sienten después de un comportamiento correcto, prescindiendo de la gratificación recibida.

Es agradable sin duda que un niño escuche de sus padres; «¡Has sido muy generoso con tu amigo, muy bien!». Pero es igualmente importante hacerle sentir lo bueno que es de por sí llevar a cabo ciertas acciones: «Como pones tú la mesa, no la pone nadie. Mírala, ¿no está preciosa? ¿Y tú, estás satisfecho?».

Y si el premio está contemplado en la educación de una familia, me gusta más imaginarlo como algo a compartir con los demás. Por ejemplo, al final de un día duro o lleno de obligaciones podemos proponer en familia: «¡Hagámonos un buen regalo, vamos a tomar una pizza!». Una ocasión de alegría compartida que gusta muchísimo a los niños.

En lugar de la palabra «premio» prefiero «regalo» porque carece de la connotación encerrada en el *do ut des* («Te doy algo si te comportas como yo quiero»). A veces, un pequeño regalo inesperado habla del deseo de compartir una emoción, un sentimiento. Es una manera de decir «he pensado en ti». Y así es una buena idea un regalo para fin de curso: una manera de festejar la alegría de un recorrido hecho conjuntamente.

Salir del mecanismo premio-castigo en relación a los hijos no significa quitar valor y atención a su trayectoria, o a la valoración que reciben en las actividades escolares y lúdicas a las que se dedican, sino abrir con ellos lo antes posible un diálogo en el que el respeto por su punto de vista esté en la base de nuestra relación. Nos hacemos padres eficaces tomando consciencia de aquello que nuestro hijo es y quiere ser y utilizando como estrategias la escucha, la aceptación, la ausencia de prejuicios, la empatía, la autenticidad.

MARY POPPINS

La película *Mary Poppins*, de 1964, me entusiasmó de tal manera que fui a verla varias veces. Cuando más adelante iba a ver la continuación realizada por Rob Marshall, *El regreso de Mary Poppins*, estaba casi preocupada: ¿cómo será la nueva Mary Poppins? ¿Fiel al original o conseguirá conectar con las nuevas generaciones? ¿Conseguirá dejar huellas educativas contemporáneas? ¿Conseguirá convertirse de nuevo en fuente de inspiración? Con gran alegría por mi parte, la nueva Mary, interpretada por una magnífica Emily Blunt, me capturó al instante.

Conceder espacio al relato emocional es la verdadera clave de esta película, en la que la niñera regresa a la casa de la Avenida del Cerezo para ayudar a Michael, ya adulto y padre de tres niños. El joven se encuentra en un momento duro, destrozado por la muerte de su mujer y en una situación económica difícil, está a punto de perder la casa en la que creció y a la que todos adoran. Sus hijos, para reaccionar a esta situación, tratan de convertirse casi en pequeños adultos aunque no son felices.

Pero Mary Poppins ayudará a los tres niños, y consecuentemente a Michael, a redescubrir el poder de la fantasía y a llevar consigo el recuerdo de la madre como algo que no les podrá abandonar nunca: «Piensa solo que nada de lo que has amado te ha dejado verdaderamente. A quien hemos querido tanto y ya no está, quizá se encuentre en una estrella y no lo sabes. Pero te está diciendo, ¡mira hacia arriba y verás que en algún lugar me volverás a encontrar!».

Viajando con ellos por los escenarios llenos de color, de imaginación y de encanto, nos llevamos a casa una reflexión auténtica y densa de significado: «No se puede perder aquello que no se ha perdido nunca» o «¡Todo es posible, incluso lo imposible!».

Pero, sobre todo, yo que he creído siempre en el valor y en la sabiduría de nuestros niños, comparto totalmente la frase que el padre, Michael Banks, dice a sus hijos: «¡De mayor espero ser tan sabio como vosotros!».

Sí, porque nuestros hijos poseen todo aquello que los adultos necesitamos. A veces incluso respuestas que nosotros, atrapados como estamos por el frenesí de la vida cotidiana, no conseguimos hallar, pero que pueden ayudarnos a reencontrar la ligereza que necesitamos para aprender a volar de nuevo.

10

Libres de ser especiales

«La íntima confianza del progenitor en relación al hijo
y a sus capacidades puede mover montañas.»

Bruno Bettelheim

Lejos de los estereotipos

El talento nace de una manera de sentir que es típica, especial y única en cada individuo, y de la chispa de creatividad que nos permite hacerlo fecundo y visible para los demás. Para dejar a nuestros hijos ese espacio de libertad expresiva es importante resistirse a la tentación de encauzarles en los estereotipos de toda índole en los que estamos sumergidos. Confrontándonos con la inagotable curiosidad de los niños, nos vemos obligados a hacer frente y a desmantelar muchos prejuicios y estereotipos que ni siquiera somos conscientes de llevar dentro.

Tratar de evitarlos lo más posible es una gran ayuda que podemos proporcionar a nuestros hijos para permitir que sus talentos se expresen y sean experimentados en plena libertad.

¿Cuántas veces, por ejemplo, nos encontramos frente a estereotipos de género? «No, no, este juego es de chicos», «Llorar es de niñitas»: al actuar así, ponemos barreras al juego libre y a la experimentación emocional que sin embargo son fundamentales para construir una personalidad sólida y serena.

Hoy más que nunca siento la necesidad de pensar en una educación alejada de los estereotipos de género, de manera que nuestros hijos y nuestras hijas tengan el espacio para ser todo aquello que desean en su corazón, en plena libertad y dando opción a la posibilidad de cambiar, en vez de facilitar aquello que la sociedad espera que sean. Ayudémosles a imaginar nuevos modos para ser ellos mismos sin condicionamientos.

Muchas veces, quizá sin darnos cuenta, nosotros condicionamos de forma significativa a los niños en el juego y en consecuencia en el aprendizaje, porque aquello que aprenden jugando lo transferirán luego en la vida. Para mí existe una única manera de jugar, y es la más espontánea para los niños: ellos no tienen filtros ni límites, no se preocupan del color de los juguetes hasta que alguien les pone frente a ciertas jaulas mentales. En los juegos, los niños expresan sus deseos y su necesidad de satisfacer el componente emocional, por tanto cada requerimiento de un tipo de juego nace de una búsqueda de estímulos y experimentaciones necesarias para ellos.

Al ir a recoger a su hijo Francesco a casa de un amiguito, Rossella entra en el cuarto de los niños y se queda impactada. Luego, pregunta a Francesco con tono de preocupación y reproche: «¿Qué haces con una muñeca en la mano?».

El niño, con toda tranquilidad, le da la mejor respuesta: «¡Mamá, estoy jugando!».

La respuesta de Francesco es ejemplar y sorprendente, confirmando el hecho de que, si les escuchamos con atención, son justamente los niños los que nos guían para desmantelar esos estereotipos que los adultos hemos interiorizado ya hasta tal punto que no somos conscientes de ello.

A los niños hay que apoyarles y animarles a encontrar su camino, y experimentar jugando es la mejor manera que tienen para conocerse a sí mismos y al mundo: por esto, cualquier interferencia por parte de los adultos corre el riesgo de convertirse en un obstáculo para su crecimiento.

Otra discriminación sobre la que sería importante reflexionar es la idea, bastante difundida en diferentes ámbitos, de que las asignaturas de ciencias son más «adecuadas» para el género masculino, mientras que las niñas están más dotadas para las materias humanísticas. Afortunadamente, hoy muchas chicas están desbaratando este prejuicio al obtener grandes resultados en ciencias.

Sería oportuna una educación de nuestros hijos para valorizar ya desde la raíz el talento de apartar cualquier tipo de preconcepto: porque no existen juegos de niña o juegos de chicos, ni materias para el género femenino o para el género masculino, sino que cada competencia y experimentación puede formar parte de ese género más grande que es el humano. Será luego la niña o el niño el que comprenda cuál es su talento y el propio, real, campo de interés, pero ¿por qué excluir a priori que una chica pruebe la experiencia en un campo científico si esa puede ser su pasión?

Obviamente, desde aquí, no debe caerse en el error opuesto, dirigiendo nuestra influencia a forzar que nuestra hija juegue con cochecitos justo porque muchos lo consideran el símbolo del género masculino y queremos cambiar a toda costa los estereotipos. El ideal sería que los niños se sintieran simplemente libres de jugar a lo que quieran y como quieran.

Otra de las trampas de los estereotipos es la costumbre de empujar a los niños a la aventura, al valor de atreverse y a la idea de poder aspirar a roles importantes, mientras las niñas, por el contrario, son alentadas hacia el perfeccionismo. De esta manera, muchas chicas crecen frenadas hacia la experimentación, hasta que no estén absolutamente satisfechas del resultado. ¿Cuántas veces parece natural animar a nuestro hijo a subirse a la rama más alta del árbol, a ser emprendedor, a medirse en el juego con las situaciones de conflicto aprendiendo a afrontarlas abiertamente y encontrar por sí mismo la forma de salir de ellas? Mientras que, por el contrario, las niñas a menudo están aún ligadas a un imaginario de dulzura a toda costa, de perenne sonrisa y de «buena educación» que desde pequeñas podría llevarlas a apartarse de sus emociones reales y de sus deseos.

Esto de por sí bloquea la libertad expresiva y corta las alas del talento, que sin embargo necesita de muchísimas pruebas y errores para poderse manifestar con plenitud.

Valorar el talento como armonía con uno mismo y no como campo en el que destacar sobre los demás es muy importante, porque tiene siempre una fuerte unión con la vida emocional de un individuo. Expresiones artísticas como la música o la pintura no son solo una bonita experiencia para vivirla: desde el punto de vista técnico el niño pinta bien, o bien aprende con facilidad a tocar un instrumento porque estas actividades le permiten canalizar sus emociones.

Quien consigue vivir y describir sus propias emociones es también más propenso a conocerse y mejorar; en esa paz, en esa serenidad consiste la parte más profunda del talento, esa que es capaz de hacer sentir a los niños (y también a nosotros, en las raras ocasiones en las que nos concedemos algún momento de ese tipo) perfectamente bien consigo mismos y con el mundo.

La educación para la creatividad a través del juego libre, por tanto, es ante todo un entrenamiento de la atención y la flexibilidad; además del placer inmediato de hacer algo, esto les permitirá poder encontrar un día soluciones y estrategias diferentes, en los momentos más difíciles de la vida.

Ayudarles a estimular el pensamiento lateral, innovador, «fuera de la caja» como dicen los ingleses, es el regalo más útil que podemos hacerles para dejar que florezcan sus talentos.

¡Eliminemos las etiquetas!

A menudo, el error de los adultos es el de no esforzarnos en comprender realmente la multiplicidad de universos que es nuestro hijo, reduciéndole a una definición que se convierte en una auténtica etiqueta, en la cual su carácter corre el riesgo de bloquearse sin tener ya la posibilidad de evolucionar según la inclinación natural de sus talentos en transformación.

Simone había empezado a creerse un niño equivocado; al final, todos le llamaban «el mocoso».

Natalia no se atrevía a levantar la mano en clase, todos la definían ya como «la gallina» y ella pensaba que no tenía fuerza para eliminar ciertos prejuicios.

Gianni decía de su hijo: «¡Él es así! ¡Se hace siempre el vergonzoso!».

Atribuir un juicio sintético, como «tímido», «vergonzoso», «mocoso», «malo» o «mentiroso» a nuestro hijo significa no permitirle que sea otra cosa. Si cada día, un adulto del que se fía y al que estima, le dice que es incapaz, no podrá evitar empezar a creerle. Nuestros hijos muchas veces se convierten en aquello que los adultos les atribuyen. Los mensajes de desaprobación, afirmaba Thomas Gordon, «pueden tener efectos devastadores sobre la concepción de sí mismo que el hijo desarrolla progresivamente. […] Ya que una escasa concepción de sí mismo, formada durante la infancia, tiende a perdurar incluso en la edad adulta, los mensajes de desaprobación son considerados como las causas en estado embrionario de las minusvalías que acompañan a las personas durante toda la vida».

He aquí por qué nunca es tarde para reflexionar sobre nuestras prácticas educativas y sobre los mensajes que les enviamos.

Cuidado también con esos apodos bromistas que, si se repiten habitualmente, a la larga pueden aplastar sus rasgos. Para mí es muy importante tomar distancia de estas etiquetas para dejar espacio a aquello que es y a aquello en lo que se está convirtiendo.

Cada niño es distinto de los demás y en cada uno hay talentos escondidos, por lo que es contraproducente encasillar a «los tímidos» y a «los extrovertidos», a «los capaces» y a «los incapaces», a «aquellos que participan» y a «aquellos que no participan». La etiqueta vincula y limita al niño a ser aquello que el otro le atribuye. ¿Cómo va a emprender el vuelo si se le cortan las alas?

En el colegio, los profesores, en vez de colocarles en una categoría (de los tímidos o de los atrevidos o de los educados), debemos seguir planteándonos preguntas: ¿qué puedo hacer para que se manifiesten de verdad como son? ¿Cómo involucrarles? Si muchas veces asumen comportamientos negativos, ¿qué puedo hacer para ayudarles a escoger conductas diferentes? ¿Son en verdad aquello que el grupo les atribuye? ¿Quizá no se sienten aceptados? ¿Temen acaso la confrontación con los otros? ¿Puede que tengan miedo a equivocarse y entonces no levantan nunca la mano y dejan que responda el que siempre sabe más que el resto?

Soy una firme defensora de la escuela que cultiva y cuida la sensibilidad y la inteligencia emocional del niño para que, al crecer, pueda convertirse en un individuo responsable de sí mismo y capaz de relacionarse positivamente con los demás. Educar en las emociones, en la empatía, en la escucha, ayudará a nuestros hijos a estar bien entre los demás tanto en la dimensión personal como en la profesional.

Todos sabemos lo importante que es comprender las exigencias de las personas que conocemos, ya sean clientes o colegas o superiores, y dialogar con ellos de manera eficaz y con la mayor serenidad posible, para prevenir las incomprensiones o afrontarlas con positividad cuando se presentan. También en este sentido, muchas veces los niños que en las situaciones de grupo se hacen notar menos son aquellos que luego, al crecer, consiguen sorprender al mostrar un gran talento en el diálogo y en la capacidad de relacionarse con los demás, ¡porque quizá hablan menos que otros, pero escuchan y observan mucho más!

Somos un equipo

> Sonia es la madre de Teresa, una niña que cursa tercero de primaria y estudia con satisfacción todas las materias. Cuando descubre que no se ha dado una nota a los niños en la última evaluación de lengua, sino que el profesor ha pedido a cada niño que se autoevalúe, ha intervenido en el chat de la clase para convencer a otras madres de que adopten una posición crítica respecto a las elecciones didácticas del profesor.

En primer lugar, considero que los chat son los espacios menos adecuados para hablar de nuestros hijos y alumnos. Si un progenitor detecta aspectos criticables es sin duda útil hablar de ello, pero en persona, reconociendo y respetando los papeles.

Recordemos que la alianza entre la escuela y la familia es el primer paso para conseguir que el desarrollo de nuestros hijos sea rico y provechoso: ellos perciben si tenemos fe en la escuela y eso condiciona su forma de vivirla. Promover una actitud respetuosa con los roles y carente de prejuicios, genera un clima positivo en la clase y se benefician de ello todos los niños. Para enseñar a formar equipo, partamos de nosotros: valoremos las actitudes colaborativas, eliminemos los juicios y los prejuicios, favorezcamos una actitud auténtica y responsable.

Lo bueno de formar parte de un equipo es que nos hace comprender que no podemos hacerlo todo, pero que hay cosas que a otros les resultan más fáciles. Formar parte de un equipo significa también aceptar y compartir el error y tomar las derrotas como una ocasión para mejorar.

Para todas las figuras educativas que interactúan con los niños nada es inmutable o codificado. Cada día se conoce o se profundiza algún aspecto, se plantean situaciones diversas, y por tanto es necesario sentirse siempre «de viaje». Nadie nace aprendido, nos convertimos en padres día a día, poniéndonos siempre en juego. La conciencia de nuestras intervenciones educativas y del recorrido que queremos emprender es lo que marca la diferencia. Reflexionar sobre nuestro modo de ser padres, interrogándonos con sinceridad sobre cuáles son los objetivos que proyectamos en los niños, nos permitirá enfocar una línea guía estable respecto a ellos sin depender de la época, de nuestro humor y de retos que podemos llevar con nosotros un poco por costumbre, pero que en realidad no nos pertenecen para nada.

También nosotros, al ayudarles a entrar en armonía con su

propio sentir para manifestar y desarrollar cada talento que tienen, creceremos junto a ellos en el conocimiento de nosotros mismos y lograremos ser cada vez más auténticos.

Al comienzo de mi recorrido profesional tuve la suerte de encontrar a una persona excepcional, con la que he colaborado muchos años, que valoró mucho mi manera de estar con los niños y con los padres. Había entrado hacía poco en el mundo educativo y encontré en ella competencia, atención, estímulo y confianza respecto a mí. Tras algunos encuentros apasionantes, comprendí que quería profundizar en ese ámbito, porque nada me entusiasma más que la cuestión educativa: la escucha, la empatía, el preocuparse. No niego que sentirme reconocida y estimada generó en mí un gran deseo de pertenecer a este mundo. Nunca me he sentido talentosa, pero he conseguido encontrar mi camino, ese que ha respondido de forma absoluta a mi gran pasión y a mi deseo de aprender cada día.

Los encuentros profesionales y personales significativos son muy valiosos porque pueden incidir positivamente en las propias elecciones. Recuerdo las discusiones apasionadas sobre cómo encontrar y experimentar el punto de equilibrio entre la autoexigencia y al mismo tiempo aprender a aceptar los propios errores y a veces también perdonándolos, pensando que forman parte integrante de toda trayectoria profesional.

De la misma manera, estaría bien que los padres y los educadores consiguiéramos transmitir a los niños de los que nos ocupamos este sentido de colaboración y de superación que no lleva consigo ningún rasgo de división o juicio, ni sobre los demás ni sobre ellos mismos.

Yo creo que el aspecto del prejuicio no está en los niños, sino que es un concepto que nosotros trasferimos a nuestros hijos. Comprendo que muchas veces resulta difícil encontrar recursos y puntos de apoyo cuando nos hallamos frente a un niño que no nos escucha en absoluto o que incluso nos desafía continuamente. Pero también en aquellos que manifiestan esos comportamientos hay grandes recursos dormidos: si conseguimos potenciar sus cualidades mejores les podemos ayudar a comenzar a tener más confianza en sí mismos.

He visto a niños iniciar una auténtica transformación en el mismo momento en que quedaba al descubierto algo que funcionaba en ellos. Abren los ojos de par en par por la sorpresa y la fascinación, como si dijeran: «Vale, entonces no estoy tan mal, yo también me merezco ser reconocido no solo como el niño rebelde, como el niño equivocado».

Porque era justamente así como se veía él, al reflejarse en la mirada de los adultos que tenía en su entorno.

Cuando el niño consigue llegar a reconocer que tiene recursos en su interior, y como consecuencia descubre sus propios talentos, se da un cambio radical: los momentos de cansancio, los momentos en los que rechaza respetar las reglas, existirán siempre, pero tendrá una mirada diferente y conseguirá poco a poco resolver las situaciones de manera más autónoma y responsable.

De este modo, al reconocer las mejores cualidades que tiene y también los aspectos más críticos en los que puede mejorar, el niño estará también más motivado para el cambio, ya que parte de una situación en la que no se siente equivocado del todo. Nadie le pedirá la perfección, y en el fondo no la debe requerir tampoco él, ni para sí mismo, ni mucho menos para los demás.

Como en un equipo de fútbol o de voleibol, se aprende cada día a respetar las reglas y el propio papel: ya sea un defensa, un central, un delantero o un portero, cada uno tiene su cualidad especial, diferente de la del compañero y puede cultivarla en armonía con el resto. En estos casos, la colaboración crea la excelencia y cuando se consigue, tanto en un campo de juego como en la familia o en clase, el resultado es verdaderamente magnífico.

Cuando el talento brilla

Hay niños que manifiestan un campo de intereses muy nítido, incluso en edades precoces: puede ser la afición por dibujar, por la música o por cantar, como en el caso de Clara.

> Clara es una niña de siete años que manifestó enseguida su talento musical, al cantar una simple canción que dejó sin palabras a sus profesores y compañeros: en cuanto escucharon su voz se hizo un silencio total, algo extraordinario en aquella clase tan bulliciosa.

La madre, tras publicar en las redes sociales un vídeo de Clara cantando, logra muchísimos seguidores y recibe propuestas para que la pequeña actúe en televisión. La gente felicita efusivamente a la madre reconociendo en la niña un talento extraordinario.

Hay talentos que se manifiestan de un modo tan espontáneo y vivo que obligan al niño y a su familia a tomar decisiones que no son nunca fáciles.

Es obvio imaginar que en Clara podrá nacer el deseo de emprender una carrera musical y quizá pensar que su profesión está en ese mundo. ¿Pero cuál es la elección más correcta para Clara?

Sabemos lo bueno que es poder reconocer los talentos de los hijos, pero no siempre es fácil tomar decisiones sobre los posibles caminos a seguir. Es plausible que un progenitor responsable se encuentre en dificultades a la hora de saber cómo moverse: ¿dejar que el hijo haga una carrera musical tradicional o contemplar (dada la repercusión en otros frentes) una trayectoria bajo los focos? La madre de Clara sabe que es verdaderamente buena, pero siente también el fuerte deseo de protegerla de los halagos de un ambiente adulto, comprometido y en algunos aspectos no siempre idóneo para una niña. No creo que existan decisiones acertadas y decisiones equivocadas, sino elecciones más alineadas con los valores, los deseos y los estilos educativos de cada familia. Cada opción merece reflexión y escucha.

«Papá, he decidido lo que voy a hacer en la vida: quiero ser *youtuber*», anuncia entusiasmado Giuliano a su sorprendido padre. En nuestro intento de abrir la mirada para aceptar que nuestro hijo sea diferente a nosotros, lo más interesante podría ser tratar de comprender, por ejemplo, cuáles son los aspectos que le atraen en sus figuras de referencia, qué ve en el camino que en ese momento desea emprender y qué es lo que le gusta de ese mundo. Para ayudarle a encontrar la dirección correcta es fundamental educarle para cultivar siempre su personalidad y el valor de la unicidad, a crecer en el respeto de aquello que es sin necesidad de convertirse en algo distinto solo como respuesta a una búsqueda de notoriedad. Para mí, la educación para el talento debería enseñar a los niños que a cada cual puede ocurrirle que algo le salga muy bien, haciéndolo con gran pasión y también con la posibilidad de que desemboque en un éxito reconocido socialmente. Sin embargo, esto no significa que el objetivo del talento sea buscar el éxito o el escenario a toda costa, sino el hecho de que el niño o el chico tengan la ocasión de conocerse y encontrar dentro de sí esa chispa que permite realizar los propios sueños.

La curiosidad, la memoria para los argumentos que le apasionan, la capacidad de prolongar la atención mucho más allá del umbral habitual, la habilidad de encontrar soluciones personales e innovadoras para los problemas, la velocidad de aprender sin un gran esfuerzo, la motivación que lleva al niño a superar la frustración de los momentos críticos o fallidos para volver a la actividad que le apasiona, la autonomía que demuestra al conseguir información en ese ámbito: todas estas, son señales claras e inequívocas de la manifestación de un talento.

Cada uno de nosotros tiene algo que ama de una forma especial, y puede estar basado incluso en actividades muy simples, como saber saborear un momento de silencio o dar un significado profundo a un bonito paseo. A veces, sin embargo, es como si el talento se perdiera o quisiera esconderse, incluso durante mucho tiempo, pero luego logra resurgir casi con una función terapéutica, apareciendo en cualquier edad para proporcionarnos ayuda y alegría en momentos de dificultad.

Podemos acallarlo, mantenerlo ahí, en un rincón, pero nos pertenece tan íntimamente que nunca podrá separarse de nosotros. Conozco a personas que durante muchos años no dibujaban, pero, de repente, con la primera maternidad o paternidad volvieron a coger el lápiz, porque en momentos de grandes cambios o esfuerzo, en todos los tránsitos que te llevan a revisar quién eres realmente, el talento regresa. El talento no nos abandona nunca. No sale a flote necesariamente para buscar reconocimiento, sino más bien para regalarnos un placer que nos gratifica y nos da alegría en sí mismo, tanto de niños como de adultos.

QUÉ BELLO ES VIVIR

Qué bello es vivir es una película de 1946, dirigida por Frank Capra, sobre la mirada positiva y sobre la importancia de dar el valor justo a lo que tenemos.

El protagonista es George Bailey, un hombre que en un momento de desaliento se queja de todo y no consigue reconocer todo lo bueno que la vida le ha dado, empezando por su mujer y sus hijos. Llega al punto de querer tirarse por un puente y acabar con todo. Pero es ahí donde su historia se encuentra con la del ángel Clarence, que espera que le crezcan sus alas desde hace doscientos años: movido por los numerosos ruegos formulados por la gran cantidad de personas a las que George ha ayudado, Clarence es enviado a la Tierra con la misión de salvarle y, si lo consigue, podrá al fin convertirse en un ángel a todos los efectos.

Para hacerle comprender lo valiosa que es su vida, Clarence muestra a George cómo habría sido el mundo si él no hubiera nacido y no se hubiera prodigado con los demás como había hecho desde pequeño. George pensaba que era un fracasado solo porque no se daba cuenta de cuántas cosas bellas había aportado su presencia a esta vida; cuando experimenta la frustración de entrar en ese mundo paralelo en que la mujer no le conoce y se asusta al verle, llega el momento en que decide volver a su vida.

El final feliz es conmovedor, y además me gusta volver a ver esta película porque me parece una forma magnífica de recordar la importancia de educar a nuestros hijos a expresar gratitud por aquello que tienen, a la «activación» que nos lleva a ver el valor de las cosas buenas que puedes encontrar en el otro, y también a reconocer nuestro propio valor.

Las frases que les ayudan a crecer

Para promover el talento de nuestros hijos y ayudarles a expresarse como aquello que realmente son, podemos acordarnos de decir, o transmitirles con nuestras acciones, frases que pueden servir como un auténtico fertilizante para hacerlos florecer junto a sus talentos.

Compartiré algunas sugerencias y espero que encontréis la que más concuerde con vosotros, pero si encontráis otras que se acerquen más, os ruego que las apuntéis en un folio y lo tengáis siempre a mano:

- «**No temas el error, no estás equivocado**»: ayudemos a nuestro hijo a descubrir que el error y el fracaso forman parte de toda trayectoria eficaz, sobre todo en el descubrimiento de los propios talentos.
- «**Tú eres único y especial**»: cada niño es irrepetible, reconozcamos el valor de su unicidad y diversidad.
- «**Escucha a los demás, pero no les juzgues**»: ayudemos a reconocer el valor que hay en el otro y dejemos claro que el juicio levanta un muro que no permite descubrir la riqueza del otro. La confrontación auténtica con el otro, carente de prejuicios, amplía la mirada sobre ambos.
- «**Juega por el placer de jugar**»: en el juego, el niño experimenta, prueba y vuelve a probar, se divierte, se equivoca, pelea, tropieza. En el juego, el niño es por fin él mismo y encuentra el mejor espacio para descubrir, reconocer y valorar los propios talentos.
- «**Abúrrete, observa, crea**»: el aburrimiento y la creatividad son dos aliados especiales en el recorrido hacia la búsqueda del talento, porque son capaces de generar aquello que todavía no existe.
- «**Conviértete en aquello que deseas ser**»: El mejor modo para respetar el valor y el talento que se esconden dentro de nuestro hijo.

- «**Sé curioso, ve más allá**»: la curiosidad estimula a nuestro hijo para la búsqueda de aquello que es y de aquello en lo que quiere convertirse.
- «**Sonríe, llora, enfádate y no huyas de tus emociones. Acógelas, abrázalas y cuídalas**»: las emociones son la mejor manera para conocerse y amarse.
- «**Aprende a cultivar el silencio**»: el silencio facilita la escucha y el reconocimiento del propio talento.
- «**Sé amable, si quieres mejorar el mundo y a ti**»: la amabilidad ayuda a ser acogedores, generosos y respetuosos. Además, nuestra amabilidad es capaz de contagiar a quienes están cerca y permite a nuestros hijos vivir mejor consigo mismos y con los demás.

Las frases que les alejan de ellos mismos y de nosotros.

Es importante recordar que otras frases, dichas o expresadas en nuestras acciones y en relación a ellos, pueden llegar a herirles al minar su autoestima y la libre expresión de sí mismos.

Si las hemos utilizado en el pasado, no nos sintamos culpables o pésimos padres, tengamos más bien en mente que la diferencia la marca siempre la capacidad de reflexionar sobre los propios comportamientos y sobre aquello que queramos verdaderamente para ellos. Yo no me siento la misma madre de hace apenas dos años, ¡cuántas caídas y cuantos cambios he vivido hasta hoy! Y así sucede también en mi forma de enseñar y de mirar. Nosotros educamos a nuestros hijos, pero al final descubrimos que son ellos los primeros en reeducarnos. ¡Gracias niños!

Las frases que siguen, creo que son las que más podrían interferir comprometiendo la relación con nuestros hijos, alejándoles de ellos mismos y de nosotros.

- **«Ya sé lo que piensas»**: si el niño necesita tiempo para elaborar lo que ha vivido antes de formular un pensamiento propio, ¿cómo es que los padres muchas veces no les dejamos reflexionar sobre las cosas y nos disponemos a acallarles, convencidos de saber más que ellos sobre sí mismos? Lo que subyace a una frase de este tipo es: «Claro, es mejor que no hables, ¿qué importancia tiene tu pensamiento? Yo sé más que tú de esto, en cualquier caso, tus emociones me interesan, pero hasta cierto punto».
- **«Así no se juega, juega bien»**: ¡como si hubiera una forma correcta de jugar! Así, le estamos diciendo: «No eres capaz de jugar» y en consecuencia «No eres capaz de relacionarte bien con los demás». Si solo se puede jugar como dice el adulto, imponemos al niño un esquema, evitando que se sienta libre de experimentar. ¡El juego no se toca! El juego pertenece a los niños y probablemente a los adultos también, pero cuando se olvidan de su parte niña es decididamente mejor que ejerzan solo de adultos y no se entrometan en las cosas de los niños.
- **«Con todo lo que hago por ti»**: he aquí otra frase sobre la que el adulto debería de reflexionar antes de pronunciarla. ¡Como si ocuparse del hijo fuera un compromiso gravoso, en vez de un regalo! En teoría, hay una cierta raíz de verdad, porque sin duda es verdad que cada progenitor está impulsado siempre por la voluntad de hacer el bien para el hijo, pero frente a una expresión de este tipo el niño se siente casi acusado, culpabilizado. Es también verdad que el compromiso de ser padres comporta esfuerzo y a veces impone tragar bocados amargos, cuando se presentan situaciones no fáciles de digerir, quizá en edades especialmente sensibles para los niños o en momentos fa-

miliares complicados. Puede ocurrir que un progenitor se sienta descontento, ineficaz, desilusionado, pero hay que estar muy atentos para no proyectar nunca en un hijo la desilusión, porque él la viviría con la idea de que es un peso ocuparse de él.

- **«Me gustas solo cuando te comportas bien»**: en realidad, nuestro hijo debe gustarnos siempre, prescindiendo del hecho de que responda a las indicaciones que le demos. Desde luego está bien si las sigue: quiere decir que se fía del adulto, pero al final sería importante reconocer que es capaz de comportarse bien sin la intervención del progenitor. Por ejemplo, en mi opinión, es interesante observar si el niño se comporta bien en ausencia de los padres, porque ha interiorizado una serie de comportamientos positivos que ya forman parte de su forma de ser y no se llevan a cabo solo para satisfacer al adulto. Una variante podría ser «Me gustas cuando eres obediente»: el concepto subyacente es que si tienes una idea, un pensamiento tuyo, entonces ya no le gustas a papá y a mamá.

- **«Venga, no llores, no hay por qué llorar»**: para mí, es un delito menospreciar la importancia emocional del niño como si el llanto fuera una culpa, algo a alejar. Muchas veces los padres nos vemos tan inclinados a querer proteger a nuestro niño del dolor que olvidamos reconocer la importancia que puede tener el llanto como desahogo en un momento difícil. Estas palabras indican que estamos negando una manera importante de manifestar un sentimiento, proponiendo implícitamente al niño que asocie el llanto a un momento de debilidad. Esto sucede sobre todo al género masculino, que podría verse teóricamente fortalecido por la idea de que «llorar es de niñas», desa-

creditando las emociones y además asociando el llanto a un prejuicio de género no indiferente.
- «**¿Qué nota le han puesto a tu amigo?**»: es decir, «no me interesa tu situación, sino la comparación con los demás, porque no miro tu recorrido, sino el resultado final». Con este comportamiento, el progenitor no reconoce aquello que ha hecho su hijo, sino que se limita a comparar resultados. «¡eres el único que no lo consigue, mira los otros!», «Mira a tu amigo, él sí que es listo. ¿Por qué no intentas ser como él?»
- «**¡Tú, siempre el mismo!**»: esta es otra frase muy fuerte que se dice comúnmente sin darnos cuenta en verdad de lo que comporta en el niño: decir a alguien «tú eres siempre el mismo» se sobreentiende como que el niño en sí no tiene valor, es como decir «No me sorprendes porque no eres gran cosa, por tanto no hay esperanza de que evoluciones y cambies». También la variante «Eres un incapaz» no se refiere a algo particular, sino que es absoluta, general. Así no se da ninguna posibilidad, se niega al niño la esperanza o la posibilidad de conseguir metas, sean cuales sean. En lugar de eso, podríamos decir «Bueno, venga, esta vez ha salido mal, pero no te preocupes porque lo puedes conseguir»: esta es la actitud que puede marcar la diferencia en su desarrollo, mientras que decir «Tú, siempre el mismo» o «Eres un incapaz» implica que cualquier cosa que afronte no funcionará nunca.
- «**No tengo nada más que hablar contigo**»: anular el diálogo, la posibilidad de una conversación, es abandonar el papel de padres. La rabia y la pérdida de confianza muchas veces llevan a decir frases tan fuertes como estas. Pero sabemos que hay siempre margen para aprender, cambiando.

- **«¡Nunca llegarás a nada!»**: con una sola frase hemos conseguido decir al niño que todo aquello que esperamos de él es actuación y éxito en un mundo competitivo en el que nuestra expectativa grava como una losa; y además, que si continúa comportándose así (o sea, como le resulta más espontáneo) no conseguirá nada en la vida.
- **«¡Si yo hubiera tenido las oportunidades que te estoy dando!»**: también aquí es como si le adosáramos una culpa: la de ser él mismo y no nosotros. Es una manera de echarle en cara el haber tenido cuidados y atenciones, pero ya que no ha sido capaz de captar esta oportunidad, no es digno de ser reconocido «capaz». Una variante podría ser: «A tu edad yo no me portaba así». Pero, si manifestamos que «con todas las posibilidades que tienes haces la mitad de lo que hacía yo», ¿qué debería entender el niño? ¿Qué vale la mitad de quien le está hablando?

Cercanía, contención, observación, empatía, escucha, aceptación incondicional nos llevan a entrar en relación con nuestro hijo, a través de un proceso constante de regulación y construcción de un espacio vital en el que él y con nosotros puede encontrar las oportunidades de desarrollo, de reconocimiento y de valor. Es en la reciprocidad del intercambio donde le ayudamos a crecer y nosotros crecemos con él.

CONCLUSIONES

Cuidemos a nuestros hijos

La manera más eficaz de estar cerca de un niño en su desarrollo, respetándole y haciendo lo mejor para que sus talentos puedan expresarse, es dejarle libre de llegar a ser él mismo. Todo lo contrario de una educación rígida, atormentada, punitiva, que lo enjaule en un camino ya trazado y le empuje a convertirse en aquello que el progenitor desea para él.

Sin quererlo, a veces tendemos a crearnos expectativas sobre nuestros hijos y sobre sus vidas: antes incluso de que nazcan, en nuestra cabeza imaginamos lo que harán y en qué se convertirán, pero así corremos el riesgo de no captar las señales que ellos nos mandan y perdemos la ocasión de permanecer junto a ellos de manera auténtica, sin condicionarles. La forma más adecuada es aquella que elabora una estrategia con el único fin de valorar la unicidad de nuestro hijo o del niño del que nos estamos ocupando.

Podemos acudir a diferentes técnicas y teorías, pero el método que funcionará mejor será solo aquel que hará resplandecer aquello que él o ella es realmente, un modelo educativo basado en el diálogo que no es una guía, sino un acompañamiento. Así podemos estar cerca de ellos sin una voluntad directiva, alternando momentos de presencia con otros en los que poco a poco serán ellos mismos los que construyan su camino, con seguridad y creatividad.

También el ocuparnos de ellos, desde este punto de vista, se convertirá en un acto de amor generoso y a su vez creativo, porque dejaremos que las flores de su talento se abran cuándo, cómo y con los colores que les pertenecen a ellos, no a nosotros.

Será un viaje común que deja a un lado todo tipo de juicio, porque incluso las contrariedades y las dificultades, nuestras y de nuestros hijos, pueden convertirse en un motivo de crecimiento. Al hacer el camino aprenderemos también a perdonarnos frente a los errores, a los fracasos y reflexionar sobre ello con responsabilidad será un descubrimiento extraordinario. El amor que sentimos hacia ellos es el motor de los grandes cambios, por lo que mantener entrenada la mirada hacia los hijos y hacia sus necesidades será la mejor manera para continuar el recorrido y ajustar el enfoque cuando sea necesario.

Cuando un niño se siente digno de ser amado, se siente reconocido y reconoce el verdadero valor de la vida. La seguridad afectiva que encontrarán en nosotros les hará más fuertes para afrontar el mundo y todas las imprevisibles ocasiones o dificultades que encontrarán en el camino. No siempre podremos estar a su lado para protegerles; pero, si les enseñamos a confiar en su capacidad de encontrar cada vez soluciones nuevas les haremos más competentes para navegar con valor en un mundo en continua evolución, sin dejarse desalentar por el cambio, sino afrontándolo con positividad y espíritu constructivo: ¿no es este el primer talento que todo ser humano debería cultivar?

Cada niño es único y especial. Una educación que renuncia a aplicar trayectorias y valoraciones iguales para todos, que pone el acento, por el contrario, en las características individuales de cada uno, podrá darles literalmente alas para levantar el vuelo en la vida. Solo desmontando las casillas en las que tendemos a encajar a los niños, asignando así roles que pueden ahogar su desarrollo, podremos ayudarles a convertirse plenamente en lo que son.

Volcar atención, esfuerzo, valor, puesta en discusión, conocimiento, escucha, empatía, autenticidad en la relación significa también cuidar el futuro de las nuevas generaciones, cumpliendo el milagro de hacer del mundo un mejor lugar.

Agradecimientos

Deseo agradecer a todos aquellos que han contribuido a la realización de este proyecto. La confrontación con los demás es siempre la mejor ocasión de crecimiento.

A mis padres, Loretta y Franco, por la infancia maravillosa que me regalaron. Cuando miro hacia atrás y veo el amor, el respeto y los cuidados con los que me educaron sé que fue el mejor modo de comenzar mi vida. El amor que respiré en mi familia es el patrimonio inalienable que me acompañará siempre.

A mi hija Giorgia, testimonio del milagro de la vida. Cada día que paso a su lado es alegría inmensa, descubrimiento, amor y fascinación. Doy gracias a la vida por ello. Amarla me abre al mundo y a un nuevo ser.

A mi marido Mauro, que me emociona siempre por cómo está a mi lado. El amor ayuda a realizar grandes revoluciones. Nos elegimos, con amor y autenticidad, para llevar a cabo el viaje de esta vida.

A mi hermano Roberto, persona auténtica, profunda y capaz de grandes empresas. Tenerle cerca es un gran regalo.

A mi maestro, el profesor Luigi Regoliosi, por haberme ayudado a reconocer en la consultoría una valiosa trayectoria de crecimiento personal y profesional.

Al doctor Ettore Zambonardi por las atenciones que me ha dedicado, apoyándome en cada paso hacia el cambio.

A la doctora Silvia Riva por los valiosos diálogos personales y profesionales, los puntos de reflexión y su grandísima disponibilidad.

A la doctora Alessia Cesaratto, por la profesionalidad y el reconocimiento que me ha demostrado siempre.

Un agradecimiento especial a los profesionales que he tenido la suerte de encontrar en estos años de crecimiento en los diferentes proyectos ligados a la educación y a la promoción de una cultura dirigida a la infancia y a la adolescencia: la doctora Giovanna Mangili (jefa de servicio de Patología neonatal del hospital Papa Juan XXIII de Bérgamo) y el doctor Nicola Strobelt (especialista en obstetricia y ginecología) por su profesionalidad y disponibilidad.

A la doctora Veronica Salvi, del despacho WoCare de Bérgamo, por la profesionalidad y la dedicación.

A Francesca Dalla Porta, amiga fiel que querría a mi lado en cada viaje personal y profesional.

A Elena Ferraro, siempre presente con delicadeza y profesionalidad en cada proyecto mío.

A Stefano Peccatori, Elisabetta Albieri y todo el equipo de Sperling & Kupfer por la acogida, el apoyo y el crecimiento.

Doy las gracias a mi directora, a mis colegas, a los profesores que he ido conociendo hasta hoy por el intercambio de ideas, de miradas dirigidas al mundo de la infancia.

A la doctora Angela Poeta, mi mentora, que fue decisiva en el comienzo de mi trayectoria profesional y personal.

A la doctora Antonella Pendezzini por su competente mirada y atención al mundo de la infancia. Encontrarla fue iluminador.

Un sentido agradecimiento a mis niños que en estos treinta

años de experiencias confiaron en mí, en mis miradas, en mis sonrisas, en mis palabras, en mi estímulo y también en mis negativas.

Dedico un pensamiento profundo y sentido a todas las personas que se esfuerzan por tutelar y proteger la maternidad y la infancia. A Save the Children, por su compromiso y esfuerzo.

Gracias a las personas maravillosas que he tenido la suerte de encontrar en esta época de mi vida. Guardo dentro de mí una parte de cada una de ellas.

Agradecida. Siempre.

Bibliografia

Agassi, Andre, *Open. Memorias*. Duomo Editorial, Barcelona, 2016.
Aldi, Gino, *Educare con le fiabe. Come sviluppare l'intelligenza emotiva dei figli*. Enea, Milán, 2014.
Alexander, Jessica y Sandhal, Iben, *Cómo criar niños felices: el método danés para desarrollar la autoestima y el talento de nuestros hijos*. Temas de Hoy, Barcelona, 2017.
Antognazza, Davide, *Crescere emotivamente competenti*. La meridiana, Molfetta, 2017.
Ballard, Elise, *Epiphany: True Stories of Sudden Insight to Inspire, Encourage and Transform*. Temerity. Nueva York, 2014.
Berne, Eric, *Juegos en que participamos*. Integral, Barcelona, 2007.
Bettelheim, Bruno, *Psicoanálisis de los cuentos de hadas*. Planeta, 2012.
——, *No hay padres perfectos. El arte de educar a los hijos sin angustias ni complejos*. Booket, Barcelona, 2014.
Boella, Laura, *Sentire l'altro. Conoscere e praticare l'empatia*. Raffaello Cortina, Milán, 2006.
Bollea, Giovanni, *Las madres nunca se equivocan*. Libros del Silencio, Barcelona, 2010.
Cabezón, Eduardo Sáenz de, *Inteligencia matemática. Descubre al matemático que llevas dentro*. Plataforma Editorial, Barcelona, 2016.
Cappello, Francesco, *Seminare domande. La sperimentazione della maieutica di Danilo Dolci nella scuola*. EMI, Bolonia, 2011.

Carkhuff, Robert, *L'arte di aiutare*. Erickson, Trento, 1994.

Castellazzi, Vittorio Luigi, *Ascoltarsi, ascoltare*. Edizioni Magi, Roma, 2011.

Casula, Consuelo, *I porcospini di Schopenhaue.*, Franco Angeli Edizioni, Milán, 2003.

——, *Jardineros, princesas y puercoespines: Construyendo metáforas*. Alom Editores S.A. de C.V., México D. F., 2006.

Corallo, Rosalba, *Nove volte intelligenti. Favole, giochi e attività per sviluppare le intelligenze multiple nella scuola dell'infanzia*. Erickson, Trento, 2009.

Crahay, Marcel, *Psicopedagogia*. La Scuola, Brescia, 2000.

D'Addelfio, Giuseppina, *In altra luce. Per una pedagogia al femminile*. Mondadori Università, Florencia, 2016.

D'avenia, Alessandro, *Lo que el infierno no es*. La Esfera de los Libros, Madrid, 2018.

——, *El arte de la fragilidad*, La Esfera de los Libros, Madrid, 2017.

——, «Per me è un no!», rubrica «*Letti da rifare*». Corriere della Sera, 5 de noviembre de 2018.

Ende, Michael, *La historia interminable*. Alfaguara, Madrid, 2019.

Frank, Anne e Frank, Otto, *Diario*. Debolsillo, Barcelona, 2003.

Fromm, Erich, Maslow, Abraham H., May, Rollo, Mead, Margaret y Rogers, Carl R., *La creatività*. La Scuola, Brescia, 2017.

Gardner, Howard, *Las estructuras de la mente. La teoría de las inteligencias múltiples.* F.C.E., 2017.

——, *Inteligencias múltiples: la teoría en la práctica*. Paidós, Barcelona, 2011.

——, *La educación de la mente y el conocimiento de las disciplinas. Lo que todos los estudiantes deberían comprender*. Paidós, Barcelona, 2000.

Gardner, Howard y Davis, Katie, *La generación app. Cómo los jóvenes gestionan su identidad, su privacidad y su imaginación en el mundo digital*. Paidós, Barcelona, 2014.

Geldard, David y Geldard, Kathryn, *Parlami, ti ascolto: le abilità di counseling nella vita quotidiana*. Erickson, Trento, 2005.

Gilbert, Elizabeth, *Libera tu magia. Una vida creativa más allá del miedo*. Aguilar, Madrid, 2016.

Ginzburg, Natalia, *Las pequeñas virtudes*. Acantilado, Barcelona, 2002.

Gladwell, Malcolm, *Fuera de serie. Por qué unas personas tienen éxito y otras no*. Debolsillo, Barcelona, 2018.

Goleman, Daniel, *Inteligencia emocional*. Kairós, Barcelona, 1996.

Gopnik, Alison, *¿Padres jardineros o padres carpinteros? Los últimos descubrimientos ciéntificos sobre cómo aprenden los niños*. Martínez Roca, Barcelona, 2018.

Gopnik, Alison, Meltzoff, Andrew N. y Kuhl, Patricia K., *Tuo figlio è un genio. Le straordinarie scoperte sulla mente infantile*. Baldini Castoldi Dalai, Milán, 2008.

Gordon, Thomas, *M.e.t.maestros eficaz y tecnicamente preparados*. Diana, México D. F., 2009.

——, *PET (padres eficaz y técnicamente preparados)*. Diana, 2003.

——, *Relaciones Excelentes*. Diana, México D. F., 2003.

Gottman, John Mordechai y De Claire, Joan, *Intelligenza emotiva per un figlio. Una guida per i genitori*,.BUR, Milán, 2015.

Grossman, David, *El abrazo*. Sexto Piso, Madrid, 2013.

Hough, Margaret, *Counseling: teoría y práctica*. Eleftheria, Barcelona, 2011.

Hüther, Gerald y Hauser, Uli, *Ogni bambino ha un grande talento. Aiutare i nostri figli a esprimere il meglio di sé coltivandone le doti e le predisposizioni*. Urra, Milán, 2014.

Ibarrola, Begoña y Montes, Victor, *Genial mente. Demuestra que eres un genio*. Destino, Barcelona, 2019.

Laube, Sigrid, *Quando Mozart era un bambino*. Fabbri, Milán, 2006.

Levine, Mel, *Mentes diferentes, aprendizajes diferentes. Un modelo educativo para desarrollar el potencial individual de cada niño*. Paidós, Barcelona, 2003.

Lizzola, Ivo, *Aver cura della vita. L'educazione nella prova*. Città Aperta, Troina, 2002.

Lucangeli, Daniela, Molin, Adriana y Poli, Silvana, *Intelligenza numerica nella prima infanzia. Attività per stimolare le potenzialità numeriche: dalla quantità alla numerosità*. Erickson, Trento, 2013.

Magrograssi, Giacomo, *I giochi che giochiamo*. Baldini & Castoldi, Milán, 2014.

Maiolo, Giuseppe, *L'occhio del genitore*. Erickson, Trento, 2000.

Marcoli, Alba, *Il bambino perduto e ritrovato*. Mondadori, Milán, 1999.

——, *Passaggi di vita. Le crisi che ci spingono a crescere*. Mondadori, Milán, 2003.

——, *Il bambino lasciato solo. Favole per momenti difficili*, Mondadori, Milán, 2007.

——, *Il bambino arrabbiato. Favole per capire le rabbie infantili*. Mondadori, Milán, 2017.

——, *Il bambino nascosto. Favole per capire la psicologia nostra e dei nostri figli*. Mondadori, Milán, 2017.

Masseria, Emanuela, *L'uso terapeutico della metafora*. Psiconline, Francavilla al Mare, 2017.

Mathisen, Arve (edición de), *Come sviluppare tutti i talenti del bambino. La pedagogia steineriana rivolta ai genitori*. Red!, Novara, 2003.

Milani, Paola, *Progetto genitori*. Erickson, Trento, 1993.

Montaigne, Michel de, *Los ensayos*. El Acantilado, Barcelona, 2007.

Montessori, Maria, *Opere*. Garzanti, Milán, 2018.

Morelli, Raffaele, *Il talento. Come scoprire e realizzare la tua vera natura*. Mondadori, Milán, 2013.

——, *Crescerli senza educarli: le antiregole per avere figli felici*. Mondadori, Milán, 2016.

Mortari, Luigina, *La pratica dell'aver cura*. Mondadori, Milán, 2006.

Mucchielli, Roger, *Apprendere il counseling*. Erickson, Trento, 2016.

Mundi, Mara, *Mi chiamo Danilo e faccio domande. L'attualità del progetto educativo di Danilo Dolci*. Aracne, Ariccia, 2016.
Novara, Daniele y Regoliosi, Luigi, *I bulli non sanno litigare!* Carocci Faber, Roma, 2007.
Olivero Ferraris, Anna, *Crescere. Genitori e figli di fronte al cambiamento*. Raffaello Cortina, Milano 1992.
Osho, *Cogli l'attimo*. Feltrinelli, Milán, 2011.
Palacio, R. J., *Wonder*, (edición en catalán). La Campana, Barcelona, 2012.
Parsi, Maria Rita, *L'alfabeto dei sentimenti*. Mondadori, Milán, 2003.
Pennac, Daniel, *Mal de escuela*. Debolsillo, Barcelona, 2017.
Phillips, Asha, *Decir no. Por qué es tan importante poner límites a los hijos*. Nuevas Ediciones de Bolsillo, Barcelona, 2001.
Recalcati, Massimo, *El complejo de Telémaco. Padres e hijos tras el ocaso del progenitor*. Anagrama, Barcelona, 2014.
——, *las manos de la madre. Deseo, fantasmas y herencia de lo materno*. Anagrama, Barcelona, 2018.
Regoliosi, Luigi, *Il counselling psicopedagogico*. Carocci Faber, Roma, 2013.
Rogers, Carl R., *Psicoterapia centrada en el cliente*. Paidós, Barcelona, 1981.
——, *El camino del ser*. Kairós, Barcelona, 1987.
Rogers, Carol L. y Stevens, Barry, *Da persona a persona. Il problema di essere umani*. Astrolabio, Roma, 1987.
Rowling, J. K., *Vivir bien la vida*. Salamandra, Barcelona, 2018.
Saint-Exupéry, Antoine, *El principito*. Salamandra, Barcelona, 2016.
Scuola di Barbiana y Don Lorenzo Milani, *Lettera a una professoressa*. Libreria Editrice Fiorentina, Florencia, 1990.
Stein, Edith, *Sobre el problema de la empatía*, Trotta, Madrid, 2004.
Steiner, Claude, *La educación emocional. Una propuesta para orientar las emociones personales*. Suma de Letras, Barcelona, 2002.

Stern, Daniel N. y Bruschweiler Stern, Nadia, *La primera relación madre-hijo*. Morata, San Sebastián de los Reyes, 1998.
Stewart, Ian y Joines, Vann, *AT hoy. Una nueva introducción al análisis transaccional.* Editorial CCS, Madrid, 2007.
Suriano, Lucia, *Educare alla felicità*. La meridiana, Molfetta, 2016.
Tannier, Kankyo, *la magia del silencio*. Planeta, Barcelona, 2017.
Valla, Francesca, *È facile fare la mamma… se sai come si fa*. Mondadori, Milán, 2014.
Vegetti Finzi, Silvia y Battistin, Anna Maria, *I bambini sono cambiati*. Mondadori, Milán, 1997.

Este libro utiliza el tipo Aldus, que toma su nombre
del vanguardista impresor del Renacimiento
italiano, Aldus Manutius. Hermann Zapf
diseñó el tipo Aldus para la imprenta
Stempel en 1954, como una réplica
más ligera y elegante del
popular tipo
Palatino

Pequeños grandes talentos
se acabó de imprimir
un día de invierno de 2020,
en los talleres gráficos de Egedsa
Roís de Corella 12-16, nave 1
Sabadell (Barcelona)